Introduction to
Psychology

入門
心理学

● 実験室からフィールドまで

水原幸夫 編
Yukio Mizuhara

ナカニシヤ出版

はじめに

　本書は大学に入ってはじめて心理学を学ぶ人たちを想定して企画・執筆されました。本書の執筆にあたってまず考えたのは次のことです。通常の概論書は，知覚・学習など基礎の領域から始まり，その後，パーソナリティや臨床など，応用の領域へ進みます。しかし，大方の大学入学生が心理学に対してもっているイメージは，基礎の領域よりも応用の領域なのではないでしょうか。そのようなイメージをもって入学後に心理学の講義を受け，そこで基礎領域の心理学に触れ，当初のイメージとのギャップに驚き，心理学に対しある種の失望を覚えるという新入生も少なくないのではないか，ということです。このようなことを私たち執筆者は教員として経験上感じることがありました。

　そこで本書では，あえて応用の分野を前半に，基礎の分野を後半に配置することにしました。私たちが考えたのは，一般にもたれているイメージの心理学からまず学び始め，それらを理解し心理学に親しんだうえでなら，その基礎にある心理過程にも関心をもつことができるのでは，ということです。つまり，「とっつきやすい」応用分野から学び始め，次に「とっつきにくい」基礎分野への学びへ進む，という狙いです。

　各章末には「学びのポイント」として，その章での重要事項やテストを想定した問題をあげました。これらの形式や内容はそれぞれの章の担当者が独自に考え，復習やテストの準備に役立つようにしました。

　本書のサブタイトルと同じように，私たち執筆者は，大学教員として日常の講義・演習等の教授活動と並行して，研究などの活動の場としては実験室研究，臨床活動，フィールド研究，そして実践的活動をするものまで，それぞれの領域は多岐にわたっています。心理学の世界は広いのですが，このような執筆者たちで作成した本書ではかなりの領域をカバーできたのではないかと思っています。とはいえ，限られた紙幅ゆえ，とりあげることのできなかったことも多々あります。読者がまだまだ広がる心理学の面白い世界への探求を始める足掛かりとしても本書が役立つことができれば，執筆者としては望外の喜びです。

最後に，本書の企画から完成まではナカニシヤ出版の面高悠氏と山本あかね氏に多くのご助言とご支援をいただきました。ここに記して感謝いたします。

執筆者を代表して　水原幸夫

目　次

はじめに　i

第1章　心理学について・・・・・・・・・・・・・・・・1
1-1　科学としての心理学　1
1-2　心理学の歴史　1
1-3　現代心理学の誕生　1
1-4　科学としての心理学　5
1-5　心理学の研究方法　8
1-6　妥当性と信頼性　9
1-7　操作的定義　9
1-8　相関関係と因果関係　10
　　コラム　ポパーの反証主義について　7

第2章　発達Ⅰ：学童期まで・・・・・・・・・・・・・13
2-1　発達とは？　13
2-2　遺伝（成熟）？　それとも環境（学習）？　15
2-3　赤ちゃんがお母さんを好きなのはどうして？　17
2-4　子どもの思考の発達　21

第3章　発達Ⅱ：青年期以降・・・・・・・・・・・・・27
3-1　青年期とは　27
3-2　成人期の発達　32
3-3　老年期の発達　37

第4章　パーソナリティⅠ：定量的アプローチ・・・・・41
4-1　パーソナリティとは何か　41
4-2　パーソナリティの類型論　42
4-3　パーソナリティの特性論　46
4-4　パーソナリティの測定　49

第 5 章　パーソナリティⅡ：パーソナリティの基盤と定性的アプローチ・・・・・53

- 5-1　統合的なパーソナリティ理解　53
- 5-2　パーソナリティの生物学的基盤　53
- 5-3　進化論からみたパーソナリティ　56
- 5-4　パーソナリティと他者　58
- 5-5　ライフストーリー研究　61

第 6 章　臨床Ⅰ：ストレスとメンタルヘルス・・・・・・・・65

- 6-1　ストレッサーとストレス反応　65
- 6-2　ストレスへの対処　67
- 6-3　ストレスに関連する個人特性　69
- 6-4　ストレスと精神疾患　73
- 6-5　ストレスマネジメント　75

第 7 章　臨床Ⅱ：心理カウンセリングと心理療法・・・・・・・79

- 7-1　心の援助　79
- 7-2　心理療法の技法：精神力動の立場から　80
- 7-3　心理療法の技法：行動主義心理学の立場から　84
- 7-4　心理療法の技法：人間性心理学の立場から　90

第 8 章　犯罪と非行・・・・・・・・・・・・・・・・・・・95

- 8-1　犯罪のはじまり　95
- 8-2　犯罪の原因を説明する　97
- 8-3　犯罪とは何か　100
- 8-4　サイコパス　102
- 8-5　犯罪者の価値観　105

第 9 章　コミュニティ心理学・・・・・・・・・・・・・・111

- 9-1　コミュニティ心理学とは　111
- 9-2　コミュニティ心理学の基本理念　112
- 9-3　コミュニティ心理学の方法　114
- 9-4　コミュニティ心理学の実践的応用：児童虐待防止の取り組み　119

第 10 章　感覚・知覚　127

- 10-1　感　覚　127
- 10-2　知　覚　130
- 10-3　錯　視　133
- 10-4　恒 常 性　133
- 10-5　文脈の効果　134
- 10-6　反転図形　135
- 10-7　注　意　135

第 11 章　学習・記憶・思考　137

- 11-1　学　習　137
- 11-2　古典的条件づけ　137
- 11-3　道具的条件づけ　139
- 11-4　社会的学習　142
- 11-5　記　憶　142
- 11-6　ワーキングメモリ　147
- 11-7　宣言記憶と手続き記憶（または非宣言記憶）　148
- 11-8　潜在記憶　149
- 11-9　演繹的推論と帰納的推論　150

第 12 章　動機づけ　153

- 12-1　動機づけのはたらき　153
- 12-2　動因と誘因　153
- 12-3　ホメオスタシス　154
- 12-4　外発的動づけと内発的動機づけ　154
- 12-5　学習性無力感　156
- 12-6　統制の位置　157
- 12-7　原因帰属　157
- 12-8　目標達成理論　158
- 12-9　自己効力　159
- 12-10　欲求階層説　161

第 13 章　脳の構造と機能　163

- 13-1　脳の構造と機能　163
- 13-2　高次脳機能障害（大脳巣症状，脳局在徴候）　169

　　　　　13-3　神経生理学検査と脳画像検査　　175

第 14 章　社会心理学Ⅰ：社会を個人はどうみているのか？・・・179
　　　　　14-1　社会的推論　　179
　　　　　14-2　対人認知：人の印象はどのようにつくられるのか？　　183
　　　　　14-3　態度：自分の意見はどのようにつくられるのか？　　186
　　　　　14-4　まとめ：テスト勉強に向けて　　190

第 15 章　社会心理学Ⅱ：集団や社会の中における人の心・・・195
　　　　　15-1　社会的促進　　195
　　　　　15-2　社会的手抜き　　197
　　　　　15-3　同調と服従　　198
　　　　　15-4　囚人のジレンマと社会的ジレンマ　　202
　　　　　15-5　信頼と安心　　205

索　引　　211

第1章　心理学について

1-1　科学としての心理学
　心理学は「心や行動に関する科学」です。ここでいう科学とは経験科学（empirical science: 実証科学ともいいます）のことです。経験や観察などによって得られた実証的・客観的なデータにもとづき，研究を進めるということです。

　科学としての心理学の成立は19世紀後半とされます。心理学の源は後述のようにギリシャ哲学にありますが，その後さまざまな変遷を経て哲学と分かれ，科学としての現在の姿に至っています。以下にその変遷をみてみましょう。

1-2　心理学の歴史
　心に関する関心は当然のことながら昔からありました。歴史に残る起源としては古代ギリシャの哲学者，ソクラテス（Socrates），アリストテレス（Aristotle），プラトン（Plato）などに求めることができるでしょう。「意識とは何か」「意思とは何か」「自由意思はあるか」というような当時の問題は，現代の科学をもってしても完全には答えることのできていない難しい問題です。

　しかし後述のように，現代では脳科学の発展などにより，上述の問題を思弁的な方法に頼った過去の哲学とは違った観点から盛んに研究され始めてきています。

1-3　現代心理学の誕生
1-3-1　哲学の一分野としての心理学からの出発
　①イギリス経験論（empiricism: または連合心理学 associationist psychology）
　17，18世紀のイギリスの哲学者たちは，認識は経験を通して後天的に獲

得されるという立場をとりました。彼らの考えを代表する考えとしてロック（Locke, J.）のタブラ・ラサ（空白の石版）があります。人間は生まれた時には生得的な認識は何らもっておらず（つまりタブラ・ラサの状態），その後諸感覚を通した経験として単純観念が獲得され，さらにはそれらが結びつき（連合），複雑観念が形成されるという考えです。この考え（経験論または環境論ともいえます：nurture view）をそのまま現代にも引き継いでいる心理学者はまずいないといえますが，経験を重視することからその後の学習心理学（特に連合を重視する立場）の源流はここにあるといえます（ただし現代の学習心理学者に厳密な環境論者はいません）。

これらの考えは内省と思索によるものだったので，後述する後の実験心理学者から「アームチェア心理学」と揶揄されることもありました。

②**大陸合理論（rationalism: または理性論）**

イギリス経験論に対して，海を挟んだフランス，ドイツなどヨーロッパ大陸の哲学者たち，例えばデカルト（Descartes, R.）は，人間は生まれながらにしてある種の認識（理性）をもっているという立場をとりました（生得論または遺伝論ともいえます：nature view）。その後現在に至るまで先の経験論とどちらの考えが妥当か論争が繰り返されてきました（nature-nurture debate: 生まれか育ちか論争：遺伝‐環境論）が，結局は「生まれか育ちか」という二者択一的考えより，どちらも重要でそれらが相互作用する，つまり「生まれも育ちも」というところに現代では落ち着いています（第2章参照）。さらに近年は行動遺伝学の発展により，両者の関係の量的程度について統計的分析がかなり可能となり，より詳細な研究が展開されつつあります。

1-3-2　現代心理学の誕生：ヴントによる心理学実験室の創設とその後の展開

■**研究対象および研究方法**

①**構成主義（structuralism）**

先述の哲学者たちは内省と思索によって人間の心について考察を重ねていました。それに対して現代の心理学は経験科学として何らかの実証的データにもとづくものですが，これはヴント（Wundt, W.）がドイツのライプチッヒ大学に1879年に心理学実験室を創設して行った実験的手法による研究が始まりとさ

れます。彼は研究対象を人間の直接経験（意識）とし，内観法（introspection）という手法を用いました。とくに彼は，ある意識を要素に分析するという手法をとりました。例えば，レモネードの味覚（直接経験）を冷たさ，甘さ，すっぱさなどの要素に分析するのです。意識を構成するものは何か（what），ということを問題にしたのです。彼のもとに留学したティチェナー（Tichener, B.）は，アメリカにこの考えを構成主義（structuralism）として広めました。

②**機能主義**（functionalism）

上述の構成主義に対して，アメリカではジェームズ（James, W.）やデューイ（Dewey, J.）などが機能主義を提唱しました。この主義の背景には，19世紀に現代進化論の基礎を発表したイギリスの博物学者ダーウィン（Darwin, C.）の進化論（自然淘汰説）があると考えられます。機能主義では，生活体が環境に適応するためにいかに意識は機能するのか（how）ということを問題にします。心の構成要素よりはその機能（はたらき）の解明を重視したのです。

③**ゲシュタルト心理学**（Gestalt psychology）

一方，ドイツではウェルトハイマー（Wertheimer, M.），ケーラー（Köhler, W.），レヴィン（Lewin, K.），コフカ（Koffka, K.）らがゲシュタルト心理学を提唱しました。ゲシュタルトはドイツ語で「形態」とか「全体像」ということを意味します。彼らの研究領域はさまざまでしたが，共通する主張は「全体は部分の総和以上である」というものでした。例えば，あるメロディーを知覚する時に重要なのは，メロディーを構成している個々の音ではなく，「メロディー」という全体像，つまりそれがゲシュタルトとなっており，これを研究対象とすべきだとしたのです。あるメロディーを構成する音々がそのまま１オクターブ移動すれば，個々の音という構成要素は変わりますが，同じメロディーという知覚するという点で，そのメロディーはゲシュタルトとして同じなのです。その後は，この考え方は他のゲシュタルト心理学者たちにより社会心理学や人格心理学などにも適用されました。

④**精神分析学**（psychoanalysis）

精神医学の分野からは，フロイト（Freud, S.）が精神分析学を創始しました。彼は本人が意識できない無意識の存在を指摘し，その重要性を強調しました。そしてある種の精神的問題に関しては，無意識に抑圧された考えを意識化する

ことにより，それが解消されるとしました。その意識化の手法として自由連想法や夢分析を提唱しました。この考えは当時の文学や芸術にも多くの影響を及ぼしました。フロイトに続き，ユング（Jung, C. G.）やアドラー（Adler, A.）らはそれぞれ独自の精神分析学を発展させていきました。

⑤行動主義（behaviorism）

上述の諸分野での，考えかたに違いがあるとはいえ，研究対象が「意識」であるという点では共通していました。心理学は「心に関する学問」なので，当然といえば当然です。しかし，アメリカのワトソン（Watson, J.）は心理学が科学たりうるには，「意識」という客観性に乏しい私的な事象を扱うのではなく，誰であっても同じように観察可能な「行動」に研究対象を限定すべきだと主張しました。彼はロシアの生理学者パブロフ（Pavlov, I. P.）の古典的条件づけ（第11章参照）を高く評価し（刺激と反応という観察可能な事象を研究対象としていたためです），積極的にその考えを取り入れました。単純な刺激－反応の連合が織物のように組み合わさることで，複雑な行動ですら説明できるとも考えたのです。行動主義はとくに北米の若い心理学者を中心に受け入れられ，20世紀半ばまでその勢力を誇っていました。しかし，研究テーマや問題意識の狭量さなどの指摘がされたり，また行動主義の内部からも単純な行動主義的解釈では説明できない実験が多数報告されたりしてきました。さらにその後，認知心理学の台頭などもあり，徹底的行動主義を貫いたスキナー（Skinner, B. F.）とその後継者など一部の心理学者を除き，極端な行動主義的主張はなされなくなっていきました。

⑥そして現在の多様な研究領域へ

以上にあげてきた諸研究は，それらが提唱された当時は心理学に関連する多くの分野に影響を与えました。しかし，現在は本書の以下の章で展開されるそれぞれの領域に良くも悪くも再分化され，ある特定の主義・主張が多くの研究領域に強い影響力をもつということはさほど多くありません。しかし，その一方で脳科学，行動遺伝学，進化心理学などの発展により，学際的・統合的な研究も盛んになってきています。

1-4 科学としての心理学

　前述したように，心理学は科学です。では，科学とは何でしょうか。科学としての条件にはいくつかありますが，以下にその一部をあげてみましょう。

　①検証可能である。これはある仮説を設定し，実験なり観察なり調査なりを行いその確からしさを実際に経験的・客観的にその確からしさを示せるということです。「科学とは何か」という問題については，この類のことを検討する科学哲学という分野があります。この分野の議論の1つに，科学とそうでないもの（疑似科学）の違いは何か（境界問題や線引き問題といわれます）という問題があります。これに関連しては諸説あり，まだまだ議論されている最中なのですが，よく基準とされるのが科学哲学者のポパー（Popper, K.）が提唱した「反証可能性」です。科学的仮説は反証可能でなければならない（反証に開かれているという言いかたもされます）という考えです。分かりにくいかもしれませんが，要はある仮説の正当性をいかに保つか，ということです（反証主義のコラム参照［p.7］）。注意してほしいのは，「反証可能」といっても，「反証される仮説がいい仮説」という意味ではなく，「反証可能性は高いが，なかなか反証されないのがいい仮説」ということです。

　②再現性がある。ある科学的知見は，誰が追試しても同じ条件で行えば同じ結果になる，つまり再現可能であるということが重要です。何度も同じ結果が再現されることにより，その科学的知見は確実性を増していきます。この理由から先行研究の追試は重要です。追試して同じ結果になれば，その結果の確実性は増しますし，反対に違う結果になったのなら，手続きなどに不備がなければ先行研究の結果に疑問が生じるのです。追試は単なるものまねではなく，科学的知見の集積には重要なことで，ある研究者が新たな発見をすると他の研究者はその真偽を確かめるために追試をすることがよくあります。また，初学者は，追試することで研究方法を習得するという点でも重要です。

　③反証された仮説は躊躇なく破棄し，新たな仮説を立てる。上記の②とも関連しますが，反証された時に後付けの言い訳を繰り返し，当初の仮説の正当性にこだわるのでなく，反証された仮説は潔く捨て去り，仮説を修正するか新たに作るべきです。ただしこれも程度問題で，反証された仮説をあっさりと捨てればいいというわけではありません。例えば，望遠鏡の精度がまだじゅうぶん

でなかった時代に，天王星までは発見されていましたが，この星の動きがニュートン（Newton, I.）の物理学では説明できない運動をしていました。先の態度が正しいのであれば，ニュートン物理学をあっさりと捨てるべきです。しかしニュートン物理学は非常によくできた理論でその放棄が躊躇されたのです。その時ある学者が，今は発見されていないが天王星の先に別の惑星があると仮定すると天王星の運動が説明できると提案しました。その結果，後になって海王星が発見され，やはりニュートン物理学の正しさが保たれたのです。

　上記の考えかたは主に物質科学の例に展開されてきたのですが，社会科学である心理学も参考にすべき点は多々あります。心理学は研究対象が事物ではなく直接観察することができない「心」という特殊なことですので，物質科学での概念をそのまま導入することには無理があります。したがって，そのまま導入するのではなく，心理学に固有の問題に合わせて，取り入れるべきことを限定したうえで，できる限り心理学なりの科学としての基準を考えていくことが大事です。これは心理学が真の科学となるために今後の課題ともいえるでしょう。

　④時として還元主義である。例えば，健忘症など，ある心理学的な水準の見解の説明を，ある脳の部位のはたらき（生理学的または神経学的水準）に求めることが可能なこともあります。つまりこれが還元的な説明です。これをさらに進めれば，神経細胞の活動から神経伝達物質のはたらきという化学的水準へ還元され，さらに進めれば化学的見解の説明を物理学的水準のはたらきへ還元するということも不可能ではありません。つまり，抽象性の高い心理学的現象を，より要素的で具体的な物理的水準に還元するのです。

　このように，心理学的見解をどの水準まで還元すべきかは程度問題で，あえてより低次の説明に還元しないこともありますし，かなりの水準まで還元できることもあります。例えば，記憶のはたらきを神経伝達物質で説明するのは説得力がありますが，社会心理学的な現象を物理的要因まで還元して説明するのはあまり意味がないでしょう。

コラム　ポパーの反証主義について

　反証主義というと分かりにくいかもしれません。以下の例で考えてみましょう。
　「AならばBである」という場合，①「Aである，ゆえにBである」(肯定式)，②「Bでない，ゆえにAでない」(否定式)，③「Aでない，ゆえにBでない」(前件否定の錯誤)，④「Bである，ゆえにAである」(後件肯定の錯誤)，というパターンが考えられます。
　このままでは分かりにくいので，Aに「僕は花子と結婚するならば」，Bに「幸せである」をあてはめてみましょう。すると，①と②は正しい推論ですが，③と④は正しくない推論だと分かります(花子以外の女性と結婚して幸せ)。ここではとくに，②の「Aが反証された」という結論は正しい，という点が重要です。この論法は演繹法です。ポパーは帰納法を排除し，演繹法のみに頼ろうとしました(演繹法と帰納法については第11章参照)。ところで，心理学研究の多くは仮説を立てそれを確かめるという仮説演繹法(演繹という名称がついていますが広義には帰納法)の形式をとることが多いので，厳密にいうと，④の後件肯定の錯誤をしている可能性があります。種々の工夫によりこの可能性を低めることはできるのですが，完全には消えないことは心にとめておくべきでしょう。
　別の例で考えてみましょう。ある日の朝，あなたがよく当たるという占いをしてもらったところ，「今日はあなたにとって素晴らしい日です」といわれました。ところが，その日はよくないことばかりで散々な日になりました。憤慨したあなたは占い師のところに行き不満をぶつけたところ，その答えは「今日はあなたはもっと悪いことが起こる日だったのだ。それがその程度すんだのであれば素晴らしいではないか」というものでした。これには反証できません。あるいはどんな結果になってもあとづけで何とでも説明してしまうような「仮説」も，反証できないので同類といえます。科学的仮説は「間違う」ことができ修正・訂正ができますが，非科学的仮説はそれすらできないのです。卒業研究などで実験や調査を計画し，仮説を立てた時は，それが反証可能かどうか確認するようにしましょう。
　ただし反証主義に対する批判は当然あり，問題のあることも事実です。関心があれば以下の参考図書にあたってください。

　伊勢田哲治 (2003). 疑似科学と科学の哲学　名古屋大学出版会
　森田邦久 (2010). 理系人に役立つ科学哲学　化学同人
　戸田山和久 (2005). 科学哲学の冒険　日本放送出版協会

1-5　心理学の研究方法

①**実験法**（experiment）

　実験法による研究テーマは多岐にわたりますが，それらに共通するのは，この方法が「因果関係」（後述），つまり原因と結果を明確にする目的には最適であるということです。現実場面での人間の行動は複雑で，その因果関係を探るのは困難です。そこで問題となる行動などに限定して実験場面を設定し，原因と想定される「独立変数」（independent variable）を実験者が操作し，その結果と想定される「従属変数」（dependent variable），つまり実験参加者の反応を測定します。その際，独立変数以外に従属変数に影響する可能性のある「剰余変数」（extraneous variable）を統制することも重要です。

　実験法といっても，実施する場所は実験室に限るというわけではありません。要はロジック（理屈）の問題なので，上記の諸変数等の設定がしっかりしていれば，実施場所は問いません。

　実験法は上記のように，因果関係を決定するためには有力な方法ですが，ともするとあまりに日常生活とかけ離れたことが問題とされてしまい，それにより生態学的妥当性に問題が生じることがあるので，その実施には注意や工夫が必要です。

②**観察法**（observation）

　実験法は広義には実験室など人工的な場面での人々の観察になりますが，日常・自然な状況での行動を調べることを観察法とするのが一般的です。実験法は実験室という人工的な状況での人間の行動に限定されるので，日常行動に関する研究は観察法が妥当な方法である場合が多いといえます。具体的な技法としては，時間見本法（観察時間を設定しそれを何度か繰り返す），場面見本法（ある特定の場面に限定し観察する），事象見本法（ある特定の事象つまり出来事に限定し観察する）などがあります。

　また，自然の状態の動物や餌付けされたサル集団を観察する心理学者もいます。

　注意すべきこととして，被観察者は観察されているということを意識すると，日ごろとは違う反応してしまう可能性があります。これをできるだけ排除するために，介入法，ビデオ法などが有効なことがあります。

③調査法（survey）

　前述の実験法は，人工的な状況設定をして直接その場の反応を観察・測定するという性質上，人々の心理や行動に関して調べられることは，おのずとその範囲が限られてしまいます。むしろこのことの方が多いでしょう。人々の日常行動や意識など研究者が直接観察できないことに関して用いられるのが調査法です。心理学では多く利用される方法です。

　調査法で主に用いられるのは質問紙です。知りたい情報を正確に得るためには，予備調査などをふまえ，質問項目の精査，サンプリングなどに留意する必要があります。

④検査法（test）

　これは主にパーソナリティの測定に用いられる方法です。主な手法として，質問紙法（questionnaire method），作業検査法（performance method），投影法（projective method）があります。これらを実施する場合は，以下で説明する信頼性と妥当性が問題となります（詳しくは第4章を参照）。

1-6　妥当性と信頼性

　心理学で測定する対象は直接みることのできない心的な内容です。そこで方法のいかんを問わず，妥当性（validity）と信頼性（reliability）が重要になります。

　妥当性とは，その手法で実際に研究者が意図した内容が測定結果に正確に反映されているかということです。例えば，採用した従属変数が目的としたことが適切に測定されているかということです。

　信頼性とは，さらに同じ手法で同じ対象者から異なる時や場所や時間でデータをとった場合にどれだけそのデータが一貫するかということです。例えば，採用した従属変数が，時間や場所を問わずどれだけ安定しているかということです。

1-7　操作的定義

　これは，もともとは物理学者のブリッジマン（Bridgeman, W.）が提案した考えです。とくに心理学が扱うことが多いのは抽象的な概念で，人によりその

意味合いが異なることがあります。その状態では研究者間で議論が成立しません。操作的定義（operational definition）とは抽象的な概念を具体的な手続きで定義することですが，そうすることでその概念を共通に認識ができ，議論が可能となります。例えば，「知能が高い」というのは，基準があいまいです。そこで「この知能検査得点で130点以上を知能が高いとする」とすれば，研究者間において共通認識のもとでの研究を進めることができます。

1-8　相関関係と因果関係
1-8-1　相関関係（correlation）
　2つの変数間に何らかの関係があることを相関といいます。その程度は相関係数（correlation coefficient）あらわされ，−1から1の値をとり，rで表記されます。2つの変数が同一方向で変化する場合を正の相関（完全な正の相関の場合は，$r=1.00$），逆方向で変化する場合を負の相関（完全な負の相関の場合は，$r=-1.00$）があるといいます。まったく相関がない場合は，$r=0$です。相関は変数間に関係があるということを意味するだけであり，後述の因果関係があるとはいえません。

　ところで，2つの変数間に関係があるようにみえても，実は関係のないことがあります。例えば，夏のアイスの売り上げ高と水難事故数には一見正の相関があるかもしれません。しかし，常識的に考えて両者に関係があるとは思えません。この場合，「気温」という第3の変数があり，それが両変数に影響し，先の変数間に一見相関があるようにみえると考えるべきでしょう。気温が高いとアイスの売り上げが上がるし，気温が高いと川や海で遊ぶ人が増えその分水難事故も増えるので，両者間に見た目上の相関関係が生じる可能性があるのです。

1-8-2　因果関係（causation）
　一方の変数が原因（cause）でもう一方の変数が結果（effect）である場合は，因果関係があるといいます。因果関係があるということは，両変数間にはかならず相関関係はあるのですが，先述のように相関関係があるからといって因果関係があるとはいえません。この区別は重要なので，しっかりと理解しましょう。

学びのポイント

1) 相関関係と因果関係の相違について説明してください。例えば，日常の運動量と寿命に相関関係があったとしたら，どのように解釈しますか。
2) 心理学研究における妥当性と信頼性を説明してください。例えば，「攻撃性」を研究するとしたら，妥当性と信頼性の問題はどうしたらいいでしょう。
3)「自尊心が高い」を操作的に定義してみましょう。

第2章 発達Ⅰ
学童期まで

2-1 発達とは？

「発達（development）」という語が心理学領域において用いられる場合，人が生まれてから亡くなるまでの変化のプロセスを指しています。これまで，人間の発達に関しては，心理学の中でも発達心理学（developmental psychology）という学問領域の中で多く研究され，赤ちゃんが誕生し青年に至るまでの，心身の成長について明らかにされてきました。しかし，人間の発達は，いわゆる，「○○できるようになった」といった前向きな変化ばかりではなく，加齢に伴い「○○できなくなった」といった変化もあります。近年では，こうした「○○できなくなった」という視点を含め，生涯発達の観点が重視されています。

発達には，一般に多くの人に当てはまるような5つの法則があると考えられています。

■発達の5つの法則
①「頭（上）部から足（下）部」に向かって発達する

生まれたばかりの赤ちゃんが2ヶ月ほどすると，うつ伏せの状態から頭をもちあげられるようになり，4ヶ月頃になると首が据わります（首を支えなくてもゆらゆらしない状態）。その後，腰が据わり（支えなしでお座りできる），一人で立てるようになるのです。

②「中心から末端」に向かって成長する

赤ちゃんの体は最初，中心部（胴体）から発達します。そのため，胴体を使って寝返りがうてるようになり，その後に，肩から腕⇒手⇒指先へと徐々に末端の方に向かって発達していきます。

表2-1 赤ちゃんの身体・言語発達

	身体発達	言語発達	認知発達
0～1歳	手足の指しゃぶり（2ヶ月） 首が据わる（4ヶ月） お座りができる（7ヶ月） 伝い歩き（10ヶ月）	声を出す（誕生） クーイング（1ヶ月） なん語（4ヶ月） 声を出して指さし（10ヶ月）	生理的微笑（誕生） 社会的微笑（1ヶ月） 人見知り（6ヶ月）
1～2歳	一人で歩く（1歳） おしっこの自立 指先で物をつかむ	単語10個（1歳）を話す 2語文（1歳6ヶ月）を話す	お母さんを安全基地にできる 自己主張（1歳6ヶ月）
3～4歳	微細運動 ウンチの自立 でんぐり返り・片足立ち	3語文以上を話す 話した内容の90％を理解 900～1000の単語を理解	自己中心性
4～5歳	運動量増加	文法が正しく使える 簡単な時間の概念の獲得	自己中心性 心の理論の成立

③「一般から特殊へ」

行動が徐々に分化して特殊な反応を示すようになります。例えば，生後2ヶ月頃の赤ちゃんの目の前に何か物を差し出すと，両手足をバタバタさせるように動きますが，その物を手にとることはできません。しかし，生後6ヶ月頃になると，しっかりと差し出した物をつかむことができるようになるのです。

④「発達の連続性」

例えば，生まれたばかりの赤ちゃんが「ハイハイできる（生後7ヶ月頃）」ようになり，「つかまり立ち（生後10ヶ月頃）」を経て「歩行できる（1歳～1歳半頃）」ようになるというように，前の段階を無事にクリアすることで次の段階に進むことができます。少しずつ段階を踏んで成長していくので，一足飛びにできるようにはなりませんし，発達が早ければ良いということではありません。

⑤「発達には個人差がある」

言葉を話すのがとても早いお子さんもいれば，ゆっくりなお子さんもいます。また，歩き出すのが早いお子さんもいればそうでないお子さんもいます。このように，発達のスピードは，そのお子さんが育ってきた環境や遺伝的な要因によって千差万別です。

2-2 遺伝（成熟）？ それとも環境（学習）？

子どもの成長に大きく影響を与えるのは，生まれた時から備わっている遺伝（成熟）による要因が強いのでしょうか？ それとも，生まれて来てからの環境（学習）による要因が強いのでしょうか？

①成熟優位説

この問題について研究したゲゼルとトンプソン（Gesell & Thompson, 1929）は，双子の赤ちゃんの実験を通して，人間の発達は遺伝（成熟・生得）による影響を強く受けることを主張しました。これを成熟優位説と呼びます。

②環境優位説

一方，行動主義者であるワトソン（Watson, J.）は，「健康な1ダースの乳児と，適切な環境さえ与えられれば，その子の才能や適正，民族などの遺伝的要因とは関係なく，医者や芸術家，どろぼうに至るまで様々な人間を育てることができる」と主張し，環境による要因が強いことを主張しました。しかし，このようなちょっと極端な主張は批判を受けることとなりました。

③輻輳説

シュテルン（Stern, W.）は，人の能力や性格といった個人の特徴は，遺伝や環境，どちらか一方の影響によるのではなく，それらの単純な和であると主張しました。これは輻輳説と呼ばれています。例えば，環境による影響が30％で遺伝による影響が70％，合わせて100％という意味です。また，ルクセンブルガー（Luxenburger, H.）は，発達の特徴により，環境的な要因と遺伝的な要因の割合が異なるという対極説を主張しました。

図2-2　ワトソンの環境優位説

④相互作用説

遺伝と環境が互いに影響し合い，人の発達に影響を与えるという考え方が生まれました。それを遺伝と環境の相互作用説と呼びます。相互作用説の1つに，ジェンセン（Jensen, A. R.）が提唱した環境閾値説があります。これは，特性（身長・知能・学力・絶対音感等）によって環境から受ける影響の大きさが異なるという主張です。

図2-4に示されているように，特性A（身長）は，環境が極めて悪い状態であっても背の高い遺伝子を受け継いでいる場合，背が高くなります。一方で特性D（絶対音感）のように，たとえその能力が遺伝していたとしてもよほど良い環境が整わない限り現れにくい特性もあります。

ただし，環境を整えるだけでいつでもそれが発現するかというと，そうでは

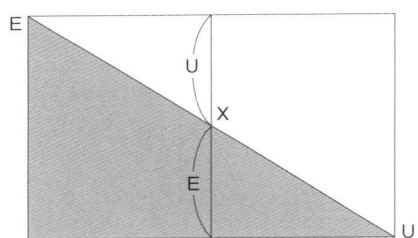

E：遺伝要因　U：環境要因　X：ある形質の位置

図2-3　ルクセンブルガーの図式

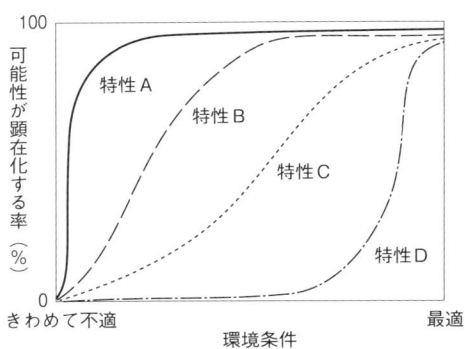

図2-4　ジェンセンの環境閾値説

ありません。

2-3 赤ちゃんがお母さんを好きなのはどうして？

　赤ちゃんや子どもはお母さんが大好きです。それはいったいなぜでしょうか？ 「お母さんのおっぱいを飲むから」とか，「お世話をしてくれるから」，といった答えをよく耳にします。「そんなの当たり前！」と思う人もいるでしょう。実際のところ，どうなのでしょうか？　ここでは，この問いに答えるための4つの理論を紹介します。

　①理論1　二次的動因説

　シアーズ（Sears, R. S.）は，乳児が母親を求めるのは，空腹や喉の渇きなどの生理的欲求（一次的動因）が母乳やミルクによって満たされたり，オムツが濡れたり暑さ寒さなどの不快感（一次的動因）が，母親（養育者）の働きかけによって減るために，母親（養育者）への愛情が生じるという「二次的動因説」を主張しました。つまり，この理論でお母さんは，単に生理的欲求に付随するものとしか捉えられていませんでした。

　②理論2　インプリンティング

　動物行動学者のローレンツ（Lorenz, K.）は，シアーズが提唱した二次的動因説を批判しました。ローレンツは，彼の目の前で孵化したハイイロガンの雛鳥が，自分を追いかけてくることに気づきました。こうした雛の行動は，動物が生まれながらにしてもっている行動メカニズムの1つで，生まれて初めて見た動く物体を母親と思い込み，後を追うという習性です。ローレンツはこれを，インプリンティング（刻印づけ・刷りこみ）と呼び，雛がふ化した後の極わずかな時期（臨界期）にだけ起こることを発見しました。

図2-5　インプリンティング

③理論3　接触の快

心理学者ハーロウ（Harlow, 1958）も，二次的動因説を批判した一人です。彼は，生まれたばかりのアカゲザルの赤ちゃんを母親から引き離し，母親の代わりとして，針金でできた哺乳瓶つきの人形と，やわらかい布でできた哺乳瓶がついていない人形の2つを準備しました。そして，赤ちゃんザルがどのような行動をとるのかを観察した結果，赤ちゃんザルは，ミルクを飲む時以外，布製の母親にくっついて過ごし，時にはそれを拠点にそれぞれな探索行動をとる様子がみられました。この実験から，赤ちゃんがお母さんを求めるのは，単に生理的欲求に付随するものではなく，"接触による快"，すなわち，スキンシップによる安心感が大切だということが示されました。

図2-6　ハーロウの赤ちゃんザル実験

④理論4　愛着理論

イギリスの医師であり，精神分析家でもあるボウルビィ（Bowlby, J.）は，二次的動因説のように，一次的動因が満たされることにより子どもが母親（養育者）に愛情をもつようになるのではなく，もっと主体的に母親（養育者）に対して深い情緒的な結びつきを求めるようになると考えました。ボウルビィは，こうした特定の人に対する深い情緒的な結びつきを「愛着（attachment）」と呼びました。

ボウルビィは，共同研究者のエインズワース（Ainsworth, M. D. S.）の行った観察結果から，「愛着」の発達には4つの段階があると主張しています。

以上のような愛着理論にもとづいて，エインズワースを中心とした共同研

表 2-2 愛着の4段階

	時期	愛着行動
第1段階	誕生～12週頃	不特定の人に対して，微笑む，声を出す，目で追う，手を出すなどの行動をとる。
第2段階	生後12週頃～6ヶ月頃	よく知る特定の人（養育者）に対して親密な行動をとる。知っている人と知らない人を区別するようになる。
第3段階	生後6ヶ月～2歳頃	特定の養育者に対しより強く愛着行動を示す。知らない人への恐怖（人見知り）。
第4段階	2歳頃～	愛着行動が減少。少しの間なら離れていることができる（安全基地の使用）。

表 2-3 子どもの愛着のタイプと親の養育態度

子どもの愛着タイプ	実験時の子どもの様子	親の養育態度
Aタイプ（回避型）	親との分離時にはあまり混乱せず，再会時に親を避ける。親とは関係なく行動し，親を安全基地とした探索行動もほとんどみられない。	全般的に子どもの働きかけに対して拒否的。笑顔やスキンシップが少ない。
Bタイプ（安定型）	親との分離時に多少の混乱を示すが，再会時には積極的に親との接触を求め，すぐに落ち着く。親を安全基地とした探索行動が盛んにみられる。	子どもに対する感受性や応答性が高く，一貫している。
Cタイプ（抵抗型）	親との分離時に強く混乱する。再会時には接触を求める一方で，怒りや攻撃を表出する。母親から離れようとせず，母親を安全基地とした探索行動がほとんどみられない。こうした近接と抵抗という両価的な側面をもつため，アンビバレント型とも呼ばれる。	子どもに対する対応に一貫性がない。
Dタイプ（無秩序型）	A～Cのどれにも該当しない。接近と回避の両方がみられ，一貫性がない（被虐待児に多くみられる傾向）。	精神的に不安定，抑うつ状態。虐待などがみられる場合もある。

究者たちは，生後1歳前後の赤ちゃんとお母さんの愛着の質をみるための実験であるストレンジシチュエーション法を考案しました（図2-7, Ainsworth et al., 1978）。この実験では，知らない部屋でお母さんと離されて見知らぬ人と二人きりにされてしまった赤ちゃんが，どのような行動を示すのかについて，観察・記録します。

分離と再会の場面における赤ちゃんの反応により，子どもの愛着はA～Cの3つのタイプに分類されるとしました。その後，メインとソロモン（Main &

図2-7　ストレンジシチュエーション法

Solomon, 1989) の研究で，A～Cのどのタイプにも当てはまらないタイプとして，Dタイプが加えられました（表2-3）。

2-4　子どもの思考の発達
ピアジェの認知発達理論
　スイスの児童心理学者ピアジェ（Piaget, J.）は，子どもの様子を観察したり，話を聞いたりして，子どもの認知機能の発達プロセスについて研究しました。彼は，新しい情報や経験を自分のスキーマ（認知的枠組み）の中にそのまま取り入れる「同化」と呼ばれる機能と，外から得られる情報やこれまでの経験に応じて自己のスキーマに修正を加えていく「調節」と呼ばれる機能の両方を「均衡化」することで認知発達が進むと考えました。
　例えば，背の高いお父さんに育てられた子どもは，お父さんの背は高いというスキーマができあがっています（同化）。ところが，背の低いお友だちのお父さんを見た時，「あれ？　お父さんなのに背が低い！？　どうして！？」と思います（不均衡）。そこで，「お父さんでも背の低い人はいるんだ」というように，これまでもっていた自分のスキーマを修正します（調整）。その後も，いろいろな背の高さのお父さんを見て「お父さん」というスキーマをバランスよく形成していくのです（均衡化）。
　ピアジェは子どもの認知機能を4つの発達段階に分けて考えました。
　①感覚-運動期（0歳～2歳）
　言語による意思疎通がまだ難しい段階です。この時期の乳児は，物を見たり，触れたり，音を聞いたりという感覚で外界を知ります。そして，徐々に目に見えた物に手を伸ばして物をつかんだり，音がする方に顔を向けたりハイハイで近づくなど，運動能力の発達と共に成長していきます。
　②前操作期（2歳～6歳）
　言語が習得され，言葉でのやりとりが容易になります。ピアジェのいう「操作」とは，実際に起こっていないことを頭の中で考えるという意味です。つまり，前操作期とは，実際に起こっていないことを頭の中では考えることができる時期の前の段階といえます。前操作期は，2～4歳を象徴的思考の段階，4～7歳を直観的思考の段階とさらに細分化されています。

象徴的思考段階（2〜4歳）

象徴的思考段階ではイメージする力（表象機能）が備わって，目の前にない物を心に思い浮かべて真似したり（遅延模倣），「○○ごっこ」と呼ばれる象徴遊びが盛んに行われるようになります。しかし，自分の見た世界が思考の拠り所なので，物の見方が自己中心的で，自分の考えと他者の考えとが区別できない傾向があります。それをピアジェは「自己中心性」と呼びました。

自己中心性が強いこの段階では，月や太陽などの無生物にも人間と同じように生命があると考えやすく（アニミズム），自然界のすべての物事を人間が作ったと考える傾向（人工論）や，考えたり想像したりした事物が，実際に存在するという考え方（実在論）がみられます。

直観的思考段階（4〜6歳）

この段階では，表象機能が獲得されてはいますが，自己中心性からは抜けきれていません。また，思考が見えや聞こえなどの直観によって左右されやすいので，表象を論理的な思考の道具としてうまく使うことはできません。

ピアジェがこの段階の子どもに行った実験に「液量保存の実験」があります。

【実験の手順】

①同じ形（同じ長さ・大きさ）の2つの容器（A1とA2）に，液体を同じ量だけ入っているのを子どもに見せます。

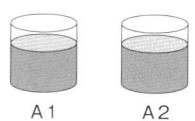

②次に，その一方（A1）の中味を，2つの小さな容器（B1とB2）に注いで移します。

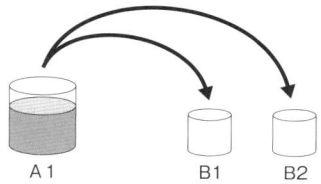

③そして，B1とB2を合わせた液量が，A2の液量と同じかどうかを子どもに質問します。

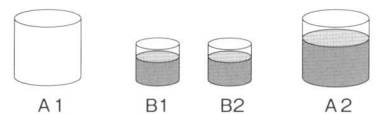

(はじめの状態にもどしてから)

④ A1 と A2 の同じ分量の液体を見せます。

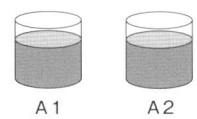

⑤次に，その一方（A2）を幅が狭くて背が高いコップ（C）に注いで移します。

⑥そして，A1 と C のどちらの液量が多いのかを尋ねます。

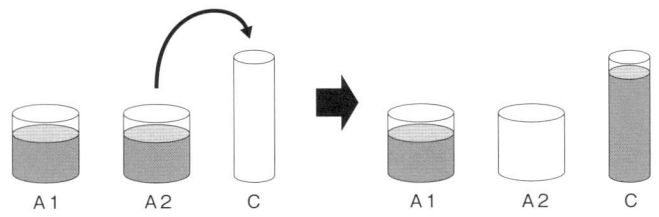

　直観的思考段階の子どもの場合，同じコップに同じ量の液体が入っていれば，同じ量だと分かりますが，コップの形が変わったり，数が増えたりして見た目が変わってしまうと，子どもは混乱して，③の段階で「コップの数が増えたから量も増えたに違いない！」と回答してしまいます。つまり，数や形が変わっても量は変わらないという「保存の概念」がまだ未成立なのです。

③具体的操作期（6歳〜11歳）

　この時期には，自分の視点と他者の視点が異なることを理解し，客観的に物事を捉えられるようになります（脱中心化）。また，表象を具体的な事物や状況を見ながら操作できるようになり，「保存の概念」が確立します。保存の概念には，「数の保存」「量や長さの保存」「重さの保存」「体積の保存」があります。

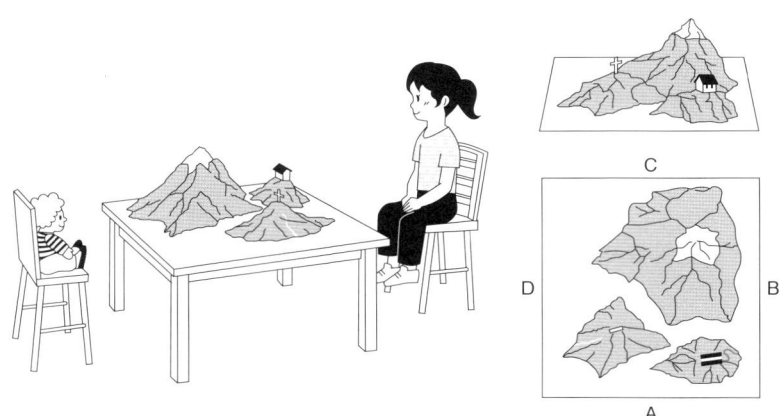

子どもが座る位置（A）以外の地点 B, C, D からどのように見えるのか？を質問します。
・4～7歳　自分の位置から見えるけしきと他の地点から見えるけしきの違いが区別できない
・7～12歳　自分・他の位置からの景色がわかる

図 2-8　三つ山課題

「数の保存」は 6 ～ 7 歳頃，「量や長さの保存」は 7 ～ 8 歳頃，「重さの保存」は 9 ～ 10 歳頃，「体積の保存」については 11 歳頃にできるようになるといわれています。

④形式的操作期（11 歳～成人）

この時期になると，一般的に思考能力が成人と同じくらいに成長します。具体的な事物や状況が目の前になくても，表象を用いて論理的思考が行えるようになります。そして，仮説演繹的思考と呼ばれる思考力が獲得されます。仮説演繹的思考とは，いくつかの出来事から仮説を導き，それを他のことに当てはめて推論することを指します。例えば，いつも食べているニンジンはオレンジ色をしていますね。そこで，「すべてのニンジンはオレンジ色」という仮説をたてると，「次に食べるニンジンもオレンジに違いない」と予測でき，その予測が確かめられることで仮説がより確からしくなります。このようなプロセスをとる思考を仮説演繹的思考といいます。

> 学びのポイント

■ さらに調べてみましょう。

- **生理的早産**：人間の赤ちゃんは，馬や牛などの他の哺乳類と比べると，生まれてすぐに生きるための力（立つ，食べる）がまだ備わっていません。ポルトマンは，こうした未熟な状態で生まれてくる状態のことを「生理的早産」と呼びました。
- **マターナルデプリベーション（母性剥奪）**：発達の初期段階において母子相互作用が欠如していること。養育者との愛着が形成されず，子どもの心身の発達に深刻なダメージをもたらすと考えられています。
- **内的ワーキングモデル**：養育者との関係の中で形成される，人との関わりのパターンやビジョンに関する認知的枠組（スキーマ）のこと。
- **発達加速現象**：時代が進むにつれて，生物学的成熟が早まる現象のこと。
- **心の理論**：自分と異なる他者に，それぞれの心や立場・意識をもつことを理解したり，推測したりする能力のこと。

文　献

Ainsworth, M. D. S., Blehar, M. C., Waters, E., & Wall, S. (1978). *Patterns of attachment*. Hillsdale, NJ: Lawrence Erlbaum Associates.

Gesell, A., & Thompson, H. (1929). Learning and growth in identical infant twins: An experimental study by the method of co-twin control. *Genetic Psychology Monographs, 6*, 5-124.

Harlow, H. F. (1958). The nature of love. *American Psychologist, 13*, 673-685.

Main, M., & Solomon, J. (1989). Procedures for identifying infants as disorganized/disoriented during the Ainsworth strange situation. In M. Greenberg, D. Cichetti, & M. Cummings (Eds.), *Attachment in the preschool years*. Chicago, IL: University of Chicago Press.

第3章　発達Ⅱ
青年期以降

　この章では，子どもの頃の心と体の発達が大人になって完成するのではなく，ライフサイクルの中で発達し，社会との関係の中で繰り返し問い直されていく過程について心と体の双方から考えていきます。

3-1　青年期とは
3-1-1　身体と心の変化

　青年期とは，人間の発達過程の中で児童期と成人期の間に位置するといわれており，身体的成熟の過程で「思春期」も含めて論じられることもあります。身体発達学の立場では，「思春期」を前期・中期・後期に区分し，思春期後期は第二次性徴が終わり身体的には成熟に達する期間までを定義しています（高石ら，2003）。身長といった形態発育変化の一般的特徴でいえば，出生直後の著しい発育に対して，思春期は第2の発育急進期です。こうした発育に影響には神経系・内分泌系が関係し，脳下垂体から分泌される成長ホルモンが影響を与えていますが，この時期に性腺刺激ホルモンが分泌され始める作用により，身長の発育は緩やかになり，性腺分泌ホルモンであるアンドロゲン（男性），エストロゲン（女性）の分泌量が増加します。発育速度には個人差がありますが，第二次性徴を迎えることで身体的な変化だけではなく，心の動きにも影響をあたえることになります。異性への関心，性に関する意識や性行動などが変化していきます。また，この年齢層の身体発達の特徴が身体的成熟への接近である（高石ら，2003）のに対し，一方で，就職，親からの自立など社会的責任を果たすまでにはまだ時間が必要であり未熟で不安定な要素を含んだ時期ともいえるかもしれません。

3-1-2 アイデンティティとは

青年期は自分の内面や将来について向き合い始めるため，この時期を説明するときに，自我同一性（identity；アイデンティティ）という言葉は欠かせません。ここでは，特に，この理論の確立に貢献したエリクソン（Erikson, 1959, 1968；岡本，2002による）の発達段階からみていきます。「我々が何者であり，何者になろうとしているのか」「自分とは何者か」という自己の定義です。これを確立していくことが青年期には重要なテーマです。しかし，私たちは，生涯にわたって社会の中で他者との関係性や役割の中から自分を捉え直さざるを得ないこともあります。青年期における自己に対する理解が土台となり発展していくものだともいえます。つまり，①自己の意義・存在，②社会・歴史的存在

	1	2	3	4	5	6	7	8
老年期 Ⅷ								統合 対 絶望, 嫌悪 **英知**
成人期 Ⅶ							生殖性 対 停滞 **世話**	
前成人期 Ⅵ						親密 対 孤立 **愛**		
青年期 Ⅴ					同一性 対 同一性混乱 **忠誠**			
学童期 Ⅳ				勤勉性 対 劣等感 **適格**				
遊戯期 Ⅲ			自主性 対 罪悪感 **目的**					
幼児期初期 Ⅱ		自律性 対 恥, 疑惑 **意志**						
乳児期 Ⅰ	基本的信頼 対 基本的不信 **希望**							

図 3-1 エリクソンの発達段階

としての自己，といった，個人と集団に関する側面からつかむ概念といえます。

エリクソン理論では，次の8段階からなり，これら8段階の危機をうまく乗り越えることが，人格形成に意味をもつとされており，「アイデンティティの拡散」は，自己探求する青年期にあって多くは一過性的に経験する状態でもあります。具体的には，①時間的拡散：時間的展望，希望の喪失，②同一性意識：自意識過剰，③否定的アイデンティティの選択：社会的に望ましくない役割に同一化する，④労働マヒ：課題への集中困難や自己破壊的没入，⑤両性的拡散：性アイデンティティの混乱，⑥権威の拡散：適切な指導的役割や従属的役割がとれない，⑦理想の拡散：人生のよりどころとなる理想像，価値観の混乱，です。程度の差はあるものの，青年期の自己探求をモラトリアム（社会的責任や義務を負うまでの猶予期間）として多くの青年期が行きつ戻りつ経験する心理状態と考えられています。

ではどうやって自己の状態をみることができるのでしょうか。発達臨床心理学者マーシャ（Marcia, 1966: 岡本，1994による）は，面接調査からその人がどういう状態にあるか同一性地位を役割の試みと意思決定期間である「危機」と人生の重要な領域に対する「積極的関与」によって4つに分類しています（表3-1）。4類型の限界など批判はあるのですが操作的定義として測定する際にさ

表3-1　マーシャの2基準の組み合わせによる自我同一性地位の定義（岡本，1994）

アイデンティティ・ステイタス	危　機	積極的関与	概　　要
アイデンティティ達成 (identity achiever)	経験した	している	幼児期からのあり方について確信がなくなり，いくつかの可能性について本気で考えた末，自分自身の解決に達して，それにもとづいて行動している。
モラトリアム (moratorium)	その最中	しようとしている	いくつかの選択肢について迷っているところで，その不確かさを克服しようと一生懸命努力している。
予定アイデンティティ (foreclosure)	経験していない	している	自分の目標と親の目標の間に不協和がない。どんな体験も，幼児期以来の信念を補強するだけになっている。硬さ（融通の利かなさ）が特徴的。
アイデンティティ拡散 (identity diffusion)	経験していない	していない	危機前 (pre-crisis)：今まで本当に何者かであった経験がないので，何者かである自分を想像することが不可能。
	経験した	していない	危機後 (post-crisis)：すべてのことが可能だし可能なままにしておかなければいけない。

3-1-3 対人関係

友人関係も児童期から青年期に向かって多様になっていきます。落合・佐藤（1996）の行った青年期における友だちとの付き合いかたの発達的変化の研究では、友だちとの関係「広いか狭いか」「深いか浅いか」の2次元により4パターンに分類しています（図3-2）。

「浅く広くかかわるつきあい方」は、誰とでも同じように仲良くしようとしているが自分の本音を出さずに友だちとつきあうという関わりかたで、「浅く狭

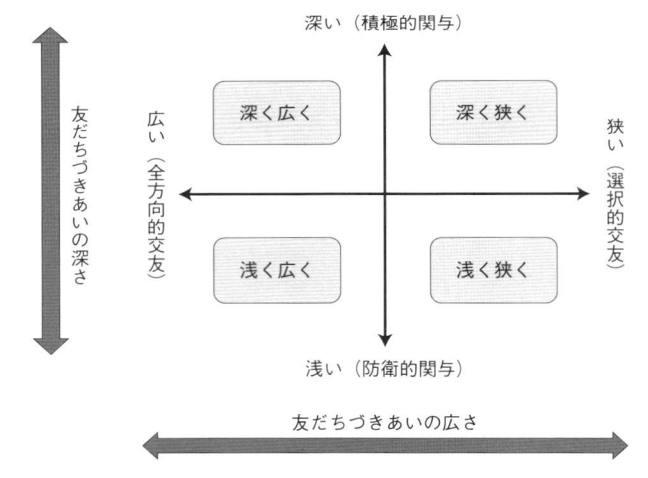

図3-2 友だちとのつきあいかたの2次元と4パターン（落合・佐藤，1996）

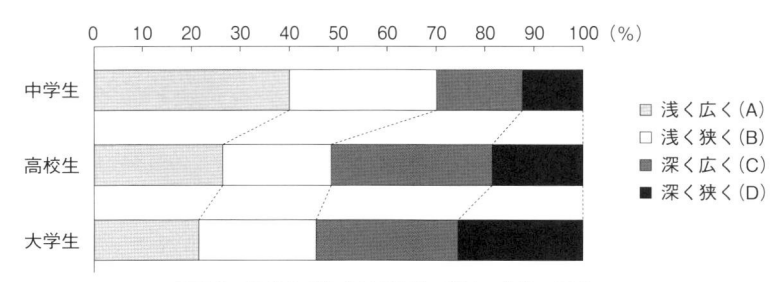

図3-3 友だちづきあいの変化（落合・佐藤，1996）

表 3-2　男女別にみた友だちとの付き合いかたの4パターンの人数比 (落合・佐藤, 1996)

男　子

	浅く広く (A)	浅く狭く (B)	深く広く (C)	深く狭く (D)
中学生	26 (29.9%) 1.21	35 (40.2%) 2.11*	12 (13.8%) -2.14*	14 (16.1%) -1.52
高校生	27 (26.7%) 0.45	29 (28.7%) -0.74	25 (24.8%) 0.93	20 (19.8%) -0.57
大学生	19 (19.4%) -1.63	26 (26.5%) -1.30	25 (25.5%) 1.14	28 (28.6%) 2.04*

女　子

	浅く広く (A)	浅く狭く (B)	深く広く (C)	深く狭く (D)
中学生	45 (48.4%) 4.08**	19 (20.4%) 0.39	21 (22.6%) -2.30	8 (8.6%) -2.63**
高校生	26 (26.0%) -1.60	15 (15.0%) -1.29	41 (41.0%) 2.45*	18 (18.0%) 0.31
大学生	19 (19.4%) 2.40*	26 (26.5%) 0.90	25 (25.5%) -0.20	28 (28.6%) 2.27*

上段は人数 (%), 下段は調整された残差。
残差の+値は期待度数以上, -値は期待度数以下であることを示す。*p<.05　**p<.01

くかかわるつきあい方」は，自分の本音では出さずに限られた人とだけつきあおうとするものです。「深く広くかかわるつきあい方」は，誰とでもつきあおうとするものです。誰からも好かれ愛されようとし，お互いにありのままの自己を積極的に開示しあい，分かり合おうとするもので，発達的に大学生に顕著にみられるようになり，中学生時代の同調的な関係性から変化してくるといえます（図3-3）。「深く狭くかかわるつきあい方」は限られた相手と積極的に関わり，分かり合おうとするつきあいかた，というものです。以上は，性別によっても差が認められるようです（表3-2）。

　また，重要な友人との関係における心理的距離をめぐる青年期の葛藤について，藤井 (2001) は，「山アラシのジレンマ」に例えて整理しています。「山アラシのジレンマ」とは，ドイツの哲学者ショーペンハウアーの寓話から生まれた言葉で，寒い冬に山アラシがお互いの体温で寒さをしのごうとしてぴったりくっつき合うとお互いの棘の痛みを感じて離れ，そのようなことを繰り返すう

ちに程よい距離をみつけることができる，といったような話です。この寓話を比喩にして，他者との適度な心理的距離をめぐる葛藤を表した言葉として使われています。藤井（2001）は近づきたいが近づきすぎたくないという気持ちには，「自分が傷つくことの回避」と「相手を傷づけることの回避」というジレンマが，また，離れたいが離れすぎたくないという気持ちには，「自分が寂しい思いをすることの回避」と「相手が寂しい思いをすることの回避」というジレンマに分類し，その心理的対処として，「萎縮」「しがみつき」「見切り」の3種類をあげています。これらは不安定な状態をあらわしていますが，他者との関係性の発展のために適度な心理的距離の獲得にむけて模索する，青年期の心的プロセスとも解釈されます。

　以上は，同性の友人関係について絞って調査していますが，親密さについては同性の友人だけではなく，異性との関係や恋愛について考えることもできるでしょう。大野（1995）は，親密性が確立していない状態の恋愛を「アイデンティティのための恋愛」と呼んでいます。それは，①相手からの賞賛を求めたい，②相手からの評価が気になる，③自分が呑み込まれる不安がある，④相手の行動に目が離せなくなる，⑤結果として交際が長続きしないことが多い，とその特徴をあげています。本当の恋愛をするためには，アイデンティティの「統合」が必要であるとしています。また，近年では，非対面的コミュニケーションとして電子メールといった媒体が手段として活用されており，利用する態度と友人関係との関連も考えられる必要があるでしょう。

3-2　成人期の発達
3-2-1　身体と心の変化

　個人差はありますが，加齢による身体の形態的，機能的低下の減少はおおよそ30歳代において始まります。これらは20歳代から30歳にかけての身体発達の成熟がピークに達した以降です。成人期に続く中・高年期は人生経験も深まり，60歳代以降これからを健康に過ごすための身体活動も取り入れることが推奨されます。文部科学省では，体力・運動能力を総合的にみる指標として新体力測定の合計得点を用いて，成人における体力と運動・スポーツ実施頻度および実施時間の関係が報告されています（図3-4）。運動・スポーツを週1日以

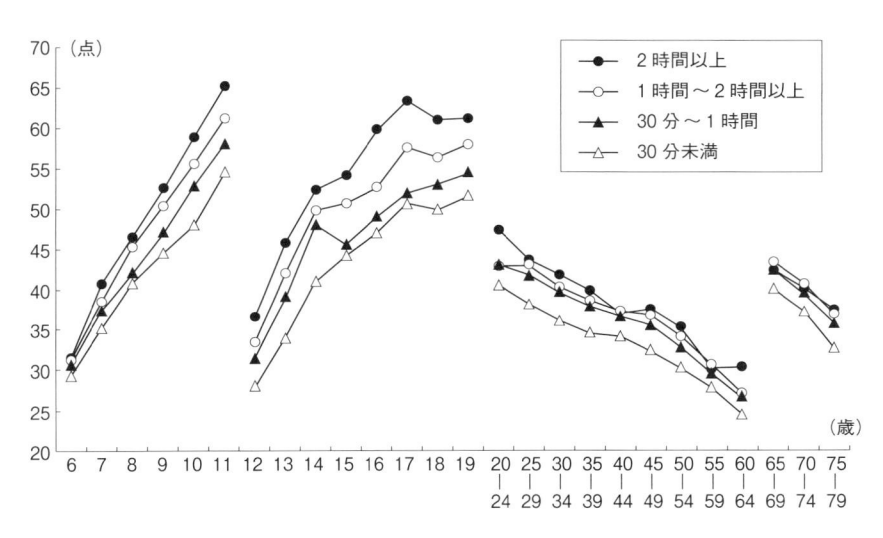

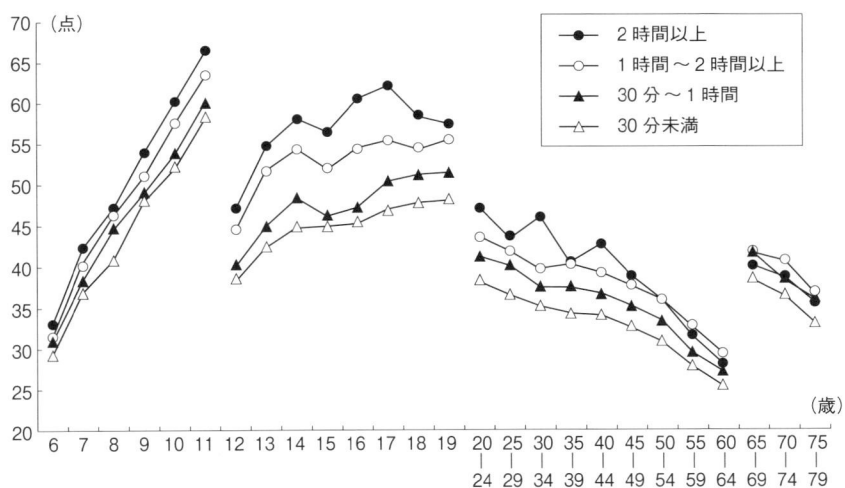

図 3-4　1 日の運動・スポーツ実施時間別新体力テストの合計
(上図男子・下図女子：文部科学省スポーツ青少年局，2013)

上実施している群は，男女ともすべての年代において未満の群よりも高い体力を示していることが分かります．加齢による体力の低下の抑制あるいは遅延させる効果をもっています．

また，運動不足が引き起こす問題として，代表的なものに「生活習慣病」があります。「生活習慣病」は，さまざまな生活習慣が大きく影響する疾患群で，食生活や喫煙とともに運動習慣も大きく関わっています。がん（悪性新生物），虚血性心疾患，脳血管疾患などがその例です。この3つで日本人の死因の約60％近くを占めています。メタボリックシンドロームも生活習慣と関係が強いことが分かっています。内臓に脂肪が蓄積するのをそのままにしておくと，動脈硬化が年齢相応よりも速く進行することになります。この時期の健康づくりがこれから迎える人生の出来事への備えになるといっても過言ではないでしょう。

3-2-2　学校から仕事への移行

　進路を選択し，職業や結婚などについてライフコースの選択をしていくこととなります。

　また，仕事と家庭の両立といったワークバランスを考える必要があります。バランスを考える際に適応上さまざまな問題も生じます。

　バーンアウト（burnout）という現象が人々の関心をひくようになったのは，ヒューマンサービスの需要が急増した70年代中期以降といわれています（久保，2007）。ヒューマンサービスとは，顧客にサービスを提供することを職務としている職業の総称で，代表的なものとしては，看護師，教員，ヘルパーなどがあげられます。活動領域は，医療，教育，福祉などの公共サービスが中心となっていますが，公共サービス以外にも，レジャー・宿泊施設の従業員，客室乗務員，一部の営業職なども広い意味で，ヒューマンサービスに含まれます。バーンアウト（燃え尽き症候群）とは，はじめて学術論文でとりあげたのはフロイデンバーガー（Freudenberger, 1974；久保による，2007）で，仕事に打ち込んだ結果生じる，長期にわたる疲弊状態の維持と興味関心の衰退のことをいいます。個人の要因だけではないのですが，職務遂行上の支障のみならず，身体的な疾患やうつ病といった精神的な疾患につながります。久保（2007）は，バーンアウトの因果関係について図3-5のように表しています。

　ストレスとは，外界から，または体内にある何らかの原因によって，心や体が影響を受けた状態をいいます。ストレスの原因は大きく分けると，身体的・心理社会的なものに分けることができます。とくに，心理社会的なストレスの

表 3-3　日本版バーンアウト尺度（久保, 2007）

1	こんな仕事，もうやめたいと思うことがある。	E
2	われを忘れるほど仕事に熱中することがある。	PA
3	こまごまと気くばりすることが面倒に感じることがある。	D
4	この仕事は私の性分に合っていると思うことがある。	PA
5	同僚や顧客の顔を見るのも嫌になることがある。	D
6	自分の仕事がつまらなく思えてしかたのないことがある。	D
7	1日の仕事が終わると「やっと終わった」と感じることがある。	E
8	出勤前，職場に出るのが嫌になって，家にいたいと思うことがある。	E
9	仕事を終えて，今日は気持ちのよい日だったと思うことがある。	PA
10	同僚や患者と，何も話したくなくなることがある。	D
11	仕事の結果はどうでもよいと思うことがある。	D
12	仕事のために心にゆとりがなくなったと感じることがある。	E
13	今の仕事に，心から喜びを感じることがある。	PA
14	今の仕事は，私にとってあまり意味がないと思うことがある。	D
15	仕事が楽しくて，知らないうちに時間が過ぎることがある。	PA
16	体も気持ちも疲れはてたと思うことがある。	E
17	われながら，仕事を上手くやり終えたと思うことがある。	PA

注）E：情緒的消耗感，D：脱人格化，PA：個人的達成感（逆転項目）

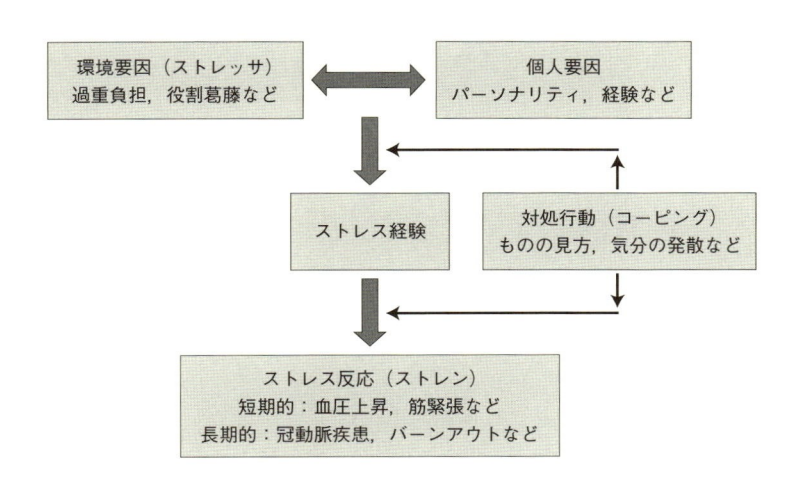

図 3-5　バーンアウトの因果図式（久保, 2007）

原因が大きく関係しているからだの病態を心身症といいます。ストレスへの対処としては，原因への対処，捉えかたを変える，気分転換やリラクセーション，信頼できる人や専門家への相談などいろいろな方法があります。本人の対処を超える場合，周囲のサポートは欠かせず，パートナー，家族，そして同僚の理解をどのように得るのか，病気に対する理解など周りの人の心理教育が重要な役割を果たします。

3-2-3 対人関係（夫婦・育児）親になるということ

夫婦関係と心理的健康の満足度に関する研究（伊藤ら，2014）では，夫婦関係の満足度に影響を及ぼす役割期待として「家事・育児」の分担をとりあげて

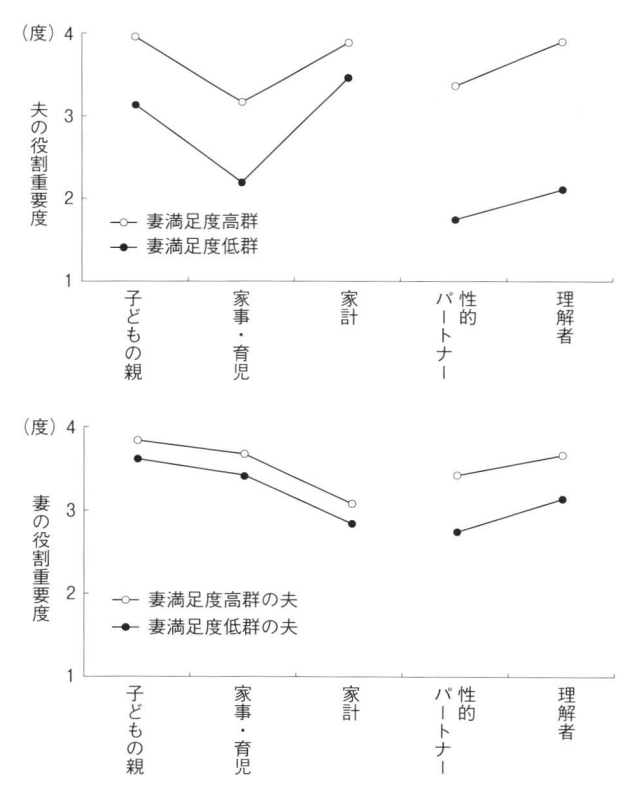

図 3-6 妻の評価する「夫の役割重要度」，夫の評価する「妻の役割重要度」（伊藤ら，2014）

います。それぞれの群のパターン（図3-6）をみると，妻の満足度が高い群では「子どもの親」として妻・夫双方が配偶者の重要度を高く評価しており，夫は「家事・育児の担い手」としての妻を，妻は「家計の担い手」としての夫の重要度を高く評価しています。また，役割としてだけではなく個人としての関係においても重要だと相互に認知されていることが分かります。一方で，妻満足度の低い群では，夫にとって妻の重要度は個人としての関係において役割としての関係に比べてさほど低くはなりませんが，「個人として」の配偶者の重要度に大きなギャップが認められています（伊藤ら，2014）。

　子どもを生み・育てるという機会もその人の成長に関わりますが，エリクソンの「世代性」という概念にあるように，成人期は社会における後進の教育や育成も自己の発達に関わっているといえます。

3-2-4　中年期の危機をのりこえる
　40歳代を中心としておおよそ30歳代以降で身体の形態的，機能的に比較的安定した時期とされるものの，ライフサイクルの中で重要な出来事に遭遇することもあります（表3-4）。

3-3　老年期の発達
3-3-1　平均寿命より健康寿命
　健康寿命（英：Health expectancy, Healthy life expectancy）とは，日常的に介護を必要としないで，自立した生活ができる生存期間のことです。WHOが2000年にこの言葉を公表しており，平均寿命から介護（自立した生活ができない）を引いた数が健康寿命という指標です。2004年のWHO保健レポートでは，日本人の健康寿命は男性で72.3歳，女性で77.7歳，全体で75.0歳であり，世界第一位です。日本は経済のみならず，世界一の平均寿命をもつ，健康においても世界の大国といえます。「健康日本21」（厚生労働省）政策は，21世紀における国民の健康寿命の延長を実現するための健康政策です。超高齢少子社会を持続可能なものにするためには，外国や日本での健康づくりの成果を活用し，将来の病気や社会の変化を考慮して新しい健康政策を推進する必要がある，という考えかたです。

表 3-4　ライフサイクルにおける 3 つの発達的危機のプロセス（岡本，1994）

ライフステージ プロセス　研究者	乳・幼児期 Mahker, M. S.（1975）	青年期 Brandt, D. E.（1977）	中年期 岡本（1994）
Ⅰ	■ **分化期** （Differentiation） ・自分でないもの（not me）の認識 ・自分の身体への気づき	■ **身体の変化の認識** ・第1次・第2次性徴の発現 （子供の体から大人の体への変化）	■ **身体感覚の変化の認識** ・体力の衰え ・体調の変化の認識 ・閉経 ・バイタリティの衰えの認識
Ⅱ	■ **練習期（Practicing）** ・母親を情緒的ホームベースとして母子の物理的分離 ・自律感の増大	■ **モラトリアム** ・自分の役割の試み ・社会の中への自分の位置づけの試み ・将来展望の確立の試み	■ **自分の再吟味と再方向づけへの模索** ・自分の半生への問い直し ・将来への再方向づけの試み
Ⅲ	■ **再接近期** （Rapprochement） ・分離不安の増加 ・母親との親密さの欲求 ⇩ ・母親との最適距離をつかむことによって解決	■ **自分と対象との関係の変化** ・親からの自立 ・社会への位置づけと社会からの承認の獲得 ・能動的な活動が可能な適切な対象関係の獲得	■ **軌道修正・軌道転換** （自分と対象との関係の変化） ・子供の独立による親の自立 ・社会との関係，親や友人の死，役割喪失・対象喪失などの変化に対して，適応的な関係の再獲得
Ⅳ	■ **個体化（Indivisualtion）の確立期** ・最初のアイデンティティの感覚を獲得	■ **アイデンティティの確立**	■ **アイデンティティの再確立**

　しかしながら，我が国では，在宅介護の問題に直面しており，介護負担に関するこれまでの研究では，家族の負担を客観的負担と主観的負担という 2 つの点から捉えられてきています。家族の主観的負担は，介護ストレスの予後を予測するうえで重要な意味をもち，家族援助においては，主観的負担の軽減，つまり心理的ストレスへの対処が重要とされています。そのためには，年齢に応じた健康づくりは重要ですし，また，介護方法や介護サービスの利用方法などに関する教育的プログラム，心理療法的援助を組み合わせた心理教育的アプロ

ーチも必要となります（松田, 2009）。

3-3-2　身体・認知的変化

　身体的な機能低下はすべての人に起こる正常な老化と病的な老化に分けて捉えられます。近年，脳機能の低下と維持について画像解析の進歩によりさまざまな研究がされるようになってきました。老年期の認知機能と日常生活の質との関連研究には，加齢に伴う認知機能の低下に対して認知訓練を行った結果，健康な高齢者の認知機能の維持・改善の可能性が示唆されており（吉田ら, 2014；松田, 2013），身体活動以外にも高齢者の生活の質について考えられています。

3-3-3　喪失と向き合う

　老年期は，配偶者や友人との死別，社会的役割の喪失，運動・身体機能の低下，身体疾患の罹患などを経験することが多くなります。メンタルヘルスの問題として，高齢者の抑うつや不安も知的活動の低下を招きやすく，日常生活の様子から認知症と間違われることもあります（松田, 2009）。しかし，老年期には，そういった喪失や衰退の体験と折り合いをつけてきた人生の深さを考えることが可能です。エリクソンは，老年期の心理的課題は「人生の統合」と指摘しており，歩んできた過去の「意味」を問い直し，たとえ過去の事実は変えられなくても「意味」は生成し変化することができます（黒川, 2009）。高齢者のライフストーリー（語り）に耳を傾けることが重要な役割を果たします。

　以上から，発達は，青年期以降も生涯にわたる適応の過程であり，獲得と喪失のダイナミックな過程ともいえます。

学びのポイント

1) アイデンティティとは何か，ライフステージごとの意味について整理してみましょう。
2) 自分の進路や将来設計について考えてみましょう。

文　献

Brandt, D. E. (1977). Separation and identity in adolescence: Erikson and Mahler, some similarities. *Contemporary Psychoanalysis, 13*, 501-518.

Freudenberger, H. J. (1974). Staff burnout. *Journal of Social Issues, 30* (1), 159-165.

藤井 恭子 (2001). 青年期の友人関係における山アラシ・ジレンマの分析　教育心理学研究, *49*, 146-155.

伊藤 裕子・池田 政子・相良 順子 (2014). 夫婦関係と心理的健康　ナカニシヤ出版

久保 真人 (2007). バーンアウト（燃え尽き症候群）――ヒューマンサービス職のストレス　日本労働研究雑誌, *558*, 54-64.

黒川 由紀子 (2009). 高齢者の心理療法　黒川 由紀子・斎藤 正彦・松田 修　老年臨床心理学――老いの心に寄り添う技術――（第2版, pp.99-141）　有斐閣

黒川 由紀子・斎藤 正彦・松田 修 (2009). 老年臨床心理学　有斐閣

Mahler, M. S. (1975). *The psychological birth of the human infant: Symbiosis and individuation*. New York: Basic Books.（マーラー, M. S.　高橋 雅士（訳）(1981). 乳幼児の心理的誕生　黎明書房）

Marcia, J. E. (1966). Development and validaton of ego-identity status. *Journal of Personality and Social Psychology, 3* (5), 551-558.

松田 修 (2009). 高齢者の心理アセスメント　黒川 由紀子・斎藤 正彦・松田 修　老年臨床心理学――老いの心に寄り添う技術――（第2版, pp.93-97）　有斐閣

松田 修 (2013). 認知トレーニングのエビデンス　老齢精神医学雑誌, *24*, 486-491.

文部科学省スポーツ青少年局　新体力テスト合計得点<http://www.mext.go.jp/component/b_menu/other/__icsFiles/afieldfile/2013/10/15/>

落合 良行・佐藤 有耕 (1996). 青年期における友達との付き合い方の発達的変化　教育心理学研究, *44* (1), 55-65.

岡本 祐子 (1994). 成人期における自我同一性の発達過程とその要因に関する研究　風間書房

岡本 祐子 (1997). 中年からのアイデンティティ発達の心理学　ナカニシヤ出版

大野 久 (1995). 青年期の自己意識という生き方　落合 良行・楠見 孝（編）講座生涯発達心理学　第4巻　自己への問い直し：青年期（pp.89-123）　金子書房

高石 昌弘・樋口 満・小島 武次 (2003). からだの発達――身体発達学へのアプローチ――　大修館書店

World Health Organization (2003). *Healthy life expectancy: Measuring average levels of population health in WHO member states*. <http://www.who.int/mip/2003/other_documents/en/hale.pdf>

吉田 甫・孫 琴・土田 宣明・大川 一郎 (2014). 学習活動の遂行で健康高齢者の認知機能を改善できるか――転移効果から――　心理学研究, *85*, 130-138.

第4章 パーソナリティⅠ
定量的アプローチ

4-1 パーソナリティとは何か

　私たちは人間として共通するところもありますが，考えかたや感じかた，行動の仕方には個人差がみられます。例えば，失敗した時に落ち込んでしまう人もいれば，あまり気にしない人もいます。初対面の人とすぐに仲良くなれる人もいれば，なかなか打ち解けられない人もいます。また，このような行動や考え方の特徴は比較的安定していて，"個人差"として観察されます。私たちの行動に個人差をもたらし，"その人らしさ"を支えているものをパーソナリティ（personality）と呼んでいます。多くの人と関わって生きていく中で，自分や周囲の人々のパーソナリティを理解することは重要なことです。どんなことを知ることができれば，個人を"理解する"ことになるのでしょうか。

　マクアダムス（McAdams, 2009）は，①素質的特性（dispositional trait），②特有の適応様式（characteristic adaptation），③ライフストーリー（life stories）という3つのレベルからパーソナリティを理解することを提唱しています。

　まず第1のレベル，素質的特性は，行動や思考，感情などの一般的傾向に関する記述です。例えば，自分や親しい友人の性格を「おしゃべり」「几帳面」などと表現することがあると思います。このような表現を用いる時，私たちが想定しているのは，「いつでも」「どこでも」よく喋る人，「どんなことでも」「たいてい」几帳面に取り組む人でしょう。このレベルはいわばパーソナリティの大まかなスケッチであり，パーソナリティの輪郭を記述することを可能にします。

　第2のレベルは，特有の適応様式です。パーソナリティの動機的，認知的，発達的な側面が含まれ，時間や場所，社会的役割などさまざまな文脈におけるパーソナリティを捉えようとします。動機的側面とは，例えば「〜をしたい」

「〜になりたい」など，個人の目標，欲求，動機などです。認知的側面には，社会的知能，認知スタイルなどが含まれます。人が状況をいかに解釈し，予測し，制御しようとするのかいう認知的要因に焦点づけて個人を理解しようとします。発達的側面では，発達課題や発達段階のような時間的な文脈との関連でパーソナリティを捉えます。例えば，幼児期の人間関係はその後の対人関係のあり方に大きな影響を与えると考えられています。パーソナリティの形成・変容という点からも，パーソナリティ理解において欠かせない視点といえるでしょう。

第3のレベルは，ライフストーリーです。マクアダムスは，ライフストーリーを内在化され発展していく自己物語であり，過去・現在・未来を統合するものと考えています。私たちはさまざまな出来事に遭遇しますが，その出来事をどのような体験として受け止め，そこにどのような意味づけをするのか。素質的特性や特有の適応様式はパーソナリティの個々の特徴を明らかにするものですが，ライフストーリーはそれらを1つにまとめ，人生に意味と統一性を与えるものと考えられています。

このように，個人のパーソナリティを理解するためには多次元的な視点が必要となります。パーソナリティ心理学では，それぞれのレベルについて研究が進められています。この章ではまず素質的特性に焦点を当て，どのようにパーソナリティの全体像を捉えることができるのかを考えてみたいと思います。2節では類型論，3節では特性論を紹介します（第2レベル，第3レベルについては第5章を参照してください。）

4-2　パーソナリティの類型論

1節の「おしゃべりな人」「神経質な人」を例にとりましょう。「鈴木さんは社交的な人で，人づきあいがうまく，いつもたくさんの人の中で楽しそうにおしゃべりしている」「田中君は几帳面な性格で，彼の机の上や引き出しの中はいつもきれいに整理整頓されている」など，自分自身や他者の差異を描き出して，○○な人と分類することはよくみられます。類型論（typology）では，パーソナリティを質的に異なるいくつかの典型的な型に分類します。そして，個人がどの型にあてはまるかを判定してパーソナリティ特徴を理解し，その人らしさを表現するのです。

4-2 パーソナリティの類型論

このような方法で人間を理解する動きはかなり昔からありました。ここでは精神医学の分野から出てきた類型論，精神科医クレッチマー（Kretschmer, E.）の類型論を紹介します。

「ちょっとしたことで泣き出し，泣いたらなかなか止まらない赤ちゃん」「すやすやとよく眠りあまり泣かない扱いやすい赤ちゃん」など私たちはある程度特徴をもって生まれてきます。このようなパーソナリティの生まれもった部分を気質（temperament）といいます。気質は，先天的にかなり決められていて，変化にしにくい，パーソナリティのもっとも中心部にあります。生後，どのような環境に育つかが影響し個人のパーソナリティが形作られていくのです。この気質と体格とを関連づけたのがクレッチマーです。クレッチマーは，精神科に入院している患者の体格をチェックリストを作って詳細に調べました。このデータから健常な人にも共通してみられる，3つの典型的な体格と関連する気質の類型を示しました（図4-1）。

それぞれの体格と気質の関係については，表4-1を参照してください。細長型の基本的特徴は内閉性で，自分の内的世界を生き，他者との境界を作る傾向があります。内閉性を基調として，敏感性と鈍感性の2つの特徴が混ざり合っています。敏感性の強い人は神経質で傷つきやすい人，鈍感性の強い人は，周囲にあまり関心がなくおっとりした人という印象を与えます。

ふとり型の基本的特徴は同調性で，自分と外界の対立がなく周囲に溶け込む傾向があります。同調性を基調として，高揚気分と抑うつ気分の両極が混ざり合っています。高揚気分の強い人は，活気があり，積極的に周囲にはたらきかける人，抑うつ気分の強い人は，落ち着いていてゆったりと構えている人とい

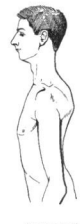

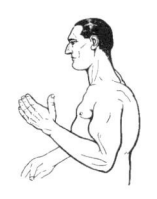

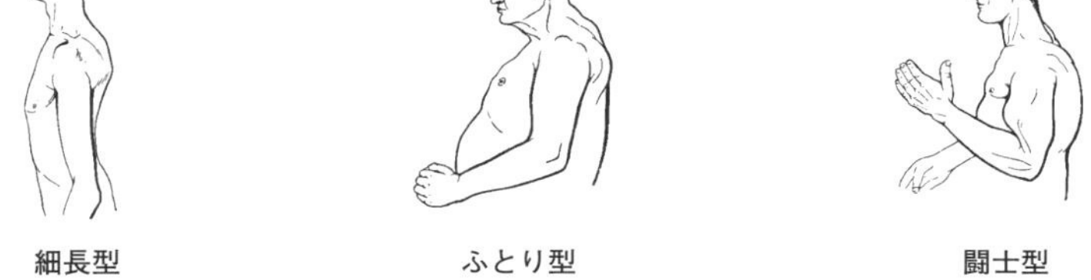

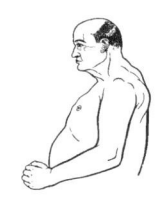

細長型　　　　　　　　ふとり型　　　　　　　　闘士型

図4-1　3つの体格

表 4-1 クレッチマーの体格と気質，その特徴

体格	気質と基本的特徴	関連する特徴
細長型	**内閉気質** 自分の世界を大切にし，閉鎖的な傾向をもつ。	敏感と鈍感の2つ特徴をもつ。
ふとり型	**循環気質** 対人関係に重点を置き，周囲と共鳴する。開放的，社交的，温かみがある。	2極の気分，高揚気分と抑うつ気分がさまざまな割合で混ざり合う。

う印象を与えます。また，粘着気質は他の2つの体格ほど気質との間に明確な関係はみつかっていませんが，まじめで几帳面，1つのことに注意を集中させる粘り強さと，融通の利かなさや，ため込んだものを一気に吐き出す爆発性があるとしています。

このようにクレッチマーは，体質的，生物学的な基準をもとに類型化を行いました。それぞれの気質は，健常な状態でみられるパーソナリティ特徴です。この傾向が強まると，細長型は分裂病質，ふとり型は躁うつ病質と呼ばれ，それぞれ統合失調症，双極性障害との関連がみられます。

一方，精神科医ユング（Jung, C. G.）は，心理的特徴を基準に類型化を行っていました。

ユングは，フロイト（Freud, S. 第7章を参照）と共に心の深層，無意識の領域を重視した研究や治療を行い，その治療経験と観察にもとづいて，人の習慣となった構え，心の態度として「内向型」，「外向型」の2つタイプを考えました。その際，さまざまな精神活動を支える心的エネルギーを想定し，このエネルギーの向かう方向に注目しました。

図4-2をみてください。左の人は，心的エネルギーが自分の内面に向かう内向型，右の人は外界へ心的エネルギーが向かう外向型です。内向型の人は，興味や関心が自分の内界に向いているので，自分自身の心の動きに敏感です。たとえ周囲の動きと違っても，自分がどう感じ，どう考えるかを大切にし，外的条件に動かされにくい傾向があります。初対面の人の前では，どうふるまったらよいか戸惑い緊張しますが，少数の気の合った人には自由にふるまえます。一方，外向型の人は，興味や関心が自分の外側，身近な出来事やまわりの人物へ向かいます。今自分のまわりで何が起こっているかに敏感で，どのようにふ

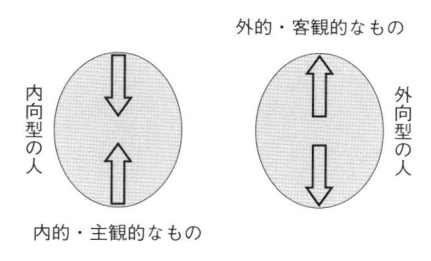

図 4-2 心的エネルギーの方向

るまえばよいかを察します。誰とでも気軽に付き合うことができ，どんな場でも自然にふるまえます。自分がどうしたいかというより，外的条件に合わせます。

ところで人は，常に1つの心の態度に貫かれた行動をとるわけではありません。ふだん無口で控えめな人が，気心の知れた人の前では雄弁に語りだしたり，いつも賑やかでグループを盛り上げる人が，わけもなく急に落ち込んでしまうことがあります。表面（意識）にあらわれている向性（心の態度）とは逆の向性が，無意識の領域にあるとユングは考えました。内向型の人は外向型の向性を，外向型の人は内向型の向性を無意識の領域にもっています。この側面は日常使われることが少ないので，未発達で荒削りです。心があまりにも意識上の1側面に偏ると，無意識の領域に抑え込まれた未発達な側面がバランスをとろうとしてはたらき，心理的な問題として表面にあらわれることがあります。

外向型の人は，外的な条件に取り込まれ，自分自身を見失ってしまうことから，心の問題が身体にあらわれるヒステリー症状（ヒステリーについては第7章で解説します）をだしやすくなります（例　売れっ子歌手が周囲の期待に応えようとふるまう，その重圧から突然声が出なくなる）。内向型の人は，自分をうまく主張したり，意見を述べることが苦手ですが，このような状況では心理的圧迫感を感じ，不安障害が起こる可能性があります。

このように，意識と無意識は互いに補い合うようにはたらきます。ユングは，心全体としてどちらにも心的エネルギーが偏りすぎないようにバランスをとるはたらきを，意識の無意識の相補性として重視しました。

類型論は，ある人がどのタイプにあてはまるかを知ることによって，その人

のもつ性質を推測し，行動を予測し，個々の行動を理解するうえで役に立ちます。一方，現実の人間は，少数の典型的なタイプにあてはまるとは限りません。つまり個人を理解するうえで，一定の枠組みを提供しますが，切り捨てられる要素も多いのです。

4-3 パーソナリティの特性論

　特性論は，複数のパーソナリティ特性（trait）を用いて，その量的表現によって個人のパーソナリティを捉えようとする理論の総称です。ここでいう特性（共通特性とも呼ばれます）とは，パーソナリティを構成する個々の要素であり，ある文化圏においてすべての人を比較しうる共通したものと考えられています。特性論は，類型論と比較して個々の特徴について量的な測定ができ，詳細にパーソナリティを記述できるという利点から，パーソナリティ心理学では主流な考え方となっています。問題となるのは，パーソナリティを記述するために，どのような特性がいくつ必要になるのかということです。このため，特性の種類と数についてさまざまな研究が行われてきました。

　その1つが，個人差を表現するために用いる言葉（特性語）に注目した研究です。オルポート（Allport, 1937　詫摩ら訳，1982）は，特性を用いてパーソナリティを理解する方法を提案した研究者ですが，パーソナリティ理解に必要な特性を発見するための1つの手がかりとして特性語に注目しました。私たちは日常生活で自分や周囲の人々のパーソナリティを「社交的」「マイペース」「心配性」などの言葉を使って表現します。彼はこのような特性語を分析すれば，その言葉を使用する文化圏の人々に共通する特性を見つけ出せると考えたのです。そこで，英語の辞書から特性語を収集することからはじめ，約4,500語の特性語のリストを作成しました。

　オルポート以後も，クラスター分析や因子分析などの多変量解析を用いて特性語の分析が行われました。その分析から，キャッテル（Cattell, R. B.）の16の源泉特性，テレゲン（Tellegen, A.）の7因子モデル，アッシュトン＆リー（Ashton, M. C., & Lee, K.）の6因子モデルなど，多くのパーソナリティ特性モデルが提唱されています。

　これに対し，遺伝的・生物学的な基礎にもとづく知見から構築されたモデ

ルとして，アイゼンク（Eysenck, H. J.）の3因子モデル，クロニンジャー（Cloninger, C. R.）の気質と性格に関する7次元モデルをあげることができます。

アイゼンクは，①外向性（－内向性），②神経症傾向，③精神病質傾向という3つの特性からなる3因子モデルを提唱しました。彼は生理的指標などを用いた実験的検討も行い，その生物的基盤を含めた理論を構築しています。例えば，外向性の次元は大脳皮質の覚醒水準と関連づけており，外向性の高い人は覚醒水準が低く，強い刺激を求めると考えています。

クロニンジャーの理論は，「気質」4次元と「性格」3次元からなるパーソナリティモデルです。「気質」の4次元は，①新奇性探求，②損害回避，③報酬依存，④固執であり，神経伝達物質との関連が仮定されており，実証的な研究も進められています。「性格」の3次元は，①自己志向性，②協調性，③自己超越です。「気質」が変わりにくいものであるのに対し，「性格」は変化し成長・発達するものと考えられています。

このように，特性論的な立場にたつパーソナリティ理論は数多く存在し，パーソナリティ記述に必要な特性数やその内容について議論が続いています。その中で現在もっとも広く受け入れられている特性論は，ビッグ・ファイブ（Big-Five）と呼ばれるものです。その名の通り5つの特性でパーソナリティを記述しようとする理論です。ビッグ・ファイブは先に述べた特性語の分析の中で発見されました。このモデルが登場した1990年代は，コンピュータ技術が飛躍的に発展した時期です。それまで技術的に難しかった大きなデータの分析や，古いデータの再分析も行われました。その結果，多くの研究において類似した5つの特性が繰り返し報告され，5因子モデルへと発展したのです。

研究者によって5つの特性の内容に若干の相違がありますので，ここでは辻（1998）の5因子モデルを紹介します。まず5つの特性とは，①「内向性－外向性」，②「分離性－愛着性」，③「自然性－統制性」，④「非情動性－情動性」，⑤「現実性－遊戯性」です。5つの特性の本質と特徴をまとめたものを図4-3に示しました。ビッグ・ファイブは，「活動」（積極的に外界にはたらきかけるかどうか），「関係」（他者との親和的あるいは密着した関係を望むかどうか），「意志」（目的や意志をもって物事をやり抜こうとするかどうか），「情動」（危機に

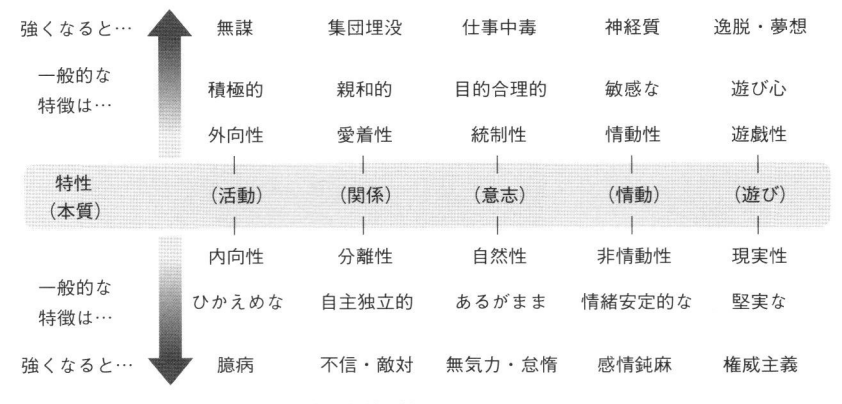

強くなると…	無謀	集団埋没	仕事中毒	神経質	逸脱・夢想
一般的な特徴は…	積極的	親和的	目的合理的	敏感な	遊び心
	外向性	愛着性	統制性	情動性	遊戯性
特性（本質）	（活動）	（関係）	（意志）	（情動）	（遊び）
	内向性	分離性	自然性	非情動性	現実性
一般的な特徴は…	ひかえめな	自主独立的	あるがまま	情緒安定的な	堅実な
強くなると…	臆病	不信・敵対	無気力・怠惰	感情鈍麻	権威主義

図 4-3　5 特性の本質と特徴　(辻，1998 より一部改変)

敏感で，情動的に反応しやすいかどうか），「遊び」（イメージや思考が豊かかどうか）という，人間の行動・生活領域において重要なパーソナリティの側面を幅広く捉えることが可能なモデルとなっています。このこともビッグ・ファイブが広く受け入れられた理由の1つといえるでしょう。NEO-PI-R や FFPQ など，このモデルにもとづく性格検査も開発され，臨床や研究において利用されています。ビッグ・ファイブが多くのパーソナリティ理論のハブの役割を果たすことで研究成果が蓄積され，今まで個々に展開されていた理論の関連が明らかになり，統合されていくことが期待されています。

　最後に，特性論の問題点について述べておきたいと思います。まず，特性論によるパーソナリティ記述は詳細であるがゆえに，断片的になりやすいことがあげられます。例えば，特性論では個々の特性について「外向性が高く，統制性は平均的で，情動性が低い」などと記述することになります。このような記述では個々の特徴について理解できても，全体としてどのような人物なのか，具体的な人物像がつかみにくいのです。

　また，特性によって行動を完全に予測することが難しいこともたびたび批判されています。例えば，内向的な人は消極的で，自分から話しかけたり，強く主張したりすることはないと考えられます。ですが，就職面接など自己アピールが必要な場面になれば，自分から積極的に発言することも十分に考えられます。このように私たちの行動は状況要因によっても左右されるものです。個人

のパーソナリティを理解するためには，状況要因についても考慮し，どのような特性をもつ人がどのような状況・文脈の中でどのようにふるまい，適応しているのかを明らかにする必要があるのです．

4-4 パーソナリティの測定

　パーソナリティ理解の枠組みとしてさまざまな理論をみてきましたが，個人のパーソナリティを把握するために，どのような方法が考えられるでしょうか．この節ではパーソナリティの測定方法について考えてみたいと思います．心理学ではパーソナリティを客観的に把握するために，さまざまな心理検査が開発されてきました．主な方法として，質問紙法，投映法をあげることができます．

　まず質問紙法は，測定対象と関連する質問項目を用意して回答を得る方法です．FFPQ を例に説明すると，この検査では 5 つの特性の中に 6 つの要素特性が設定されており，全部で 150 項目について回答する形式になっています．質問項目への回答から得点を算出し，その得点をグラフ化（プロフィールと呼びます）して示します（図 4-4 を参照）．FFPQ 以外にも，NEO-PI-R，Y-G 性格検査，MPI など多くのパーソナリティ検査が開発されています．また，精神的健康状態を測定する GHQ や CMI，抑うつ傾向を測定する BDI，不安傾向を測定する MAS などさまざまな心理状態を測定する質問紙検査もあります．

　質問紙法は，短時間・ローコストで実施でき，採点や評価が比較的容易な方法です．一方で，回答者の意識的，無意識的なバイアスが入りやすいという欠点があります．例えば，病院の問診や個人の適性を判断するために心理検査を受ける場合を考えてみてください．良い結果を得たいと思い，実際よりも少し良く回答してしまう気持ちは理解できると思います．また，質問紙法では用意された選択肢の中から回答を選ぶ形式になっていますので，極端なことをいえば内容が分からなくても回答を選択することができます．回答に対する態度をチェックするための質問項目を含めるなどの工夫もされていますが，質問紙検査を利用する時に以上のような点に注意が必要でしょう．

　次に投映法は，比較的あいまいな刺激に対して自由な反応を求める形式の検査です．もっとも有名な投映法検査は，ロールシャッハ・テストでしょう．この検査ではインクの染みの図版をみせ，何にみえるのかを自由に答えてもらい

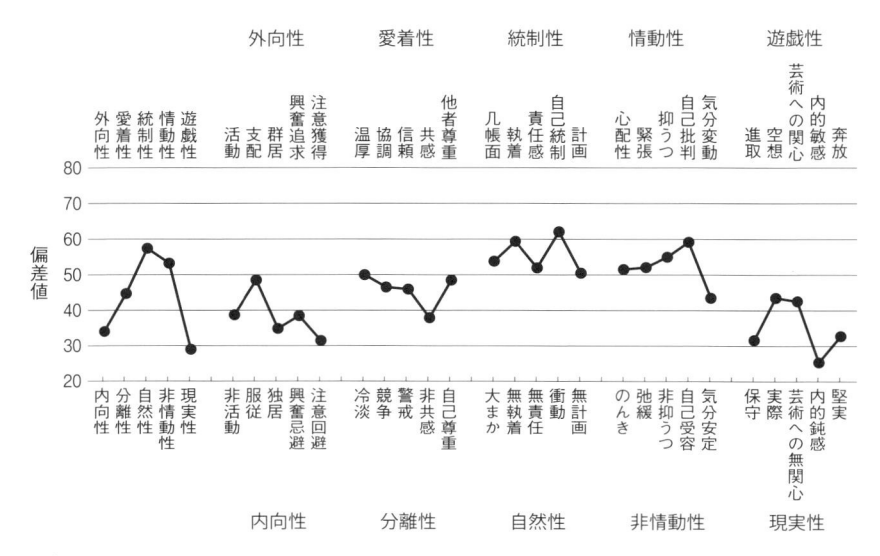

注）FFPQでは5因子の中に5つの要素特性が設定されている。このため，一人ひとりの細かな性格の特徴を把握することもできる。

図 4-4　FFPQ のプロフィール例

ます。インクの染みは構造化されたものではなく，回答者がどのようにも知覚することができるものです。そのため，回答者は独自の方法で反応することになり，そこには回答者のパーソナリティ特徴が投映されると考えられます。図版の知覚プロセスはパーソナリティと関連すると仮定し，図版に対する反応から個人のパーソナリティ特徴を明らかにしようとする検査です。

ロールシャッハと同様に絵画刺激を用いる投映法検査として，TAT（絵画統覚検査），P-F スタディ（絵画欲求不満テスト）も有名です。また，言語刺激を利用した SCT（文章完成法）もあります。投映法検査は回答者が自由に答えることができるため，質問紙法よりも豊かな情報を得ることができる方法です。しかし，投映法は一対一で実施するものが多く，検査時間も質問紙検査に比べて長くかかるなど，回答者にとって負担の大きい検査です。また，多様な反応が出現するため，採点や評価が難しく，習熟に時間がかかります。

心理検査はパーソナリティを測定するための有効な方法として，心理臨床の現場や，学校，企業などさまざまな領域で利用されています。これらの検査は，

雑誌やテレビで紹介されているような心理テストとはどこが違うのでしょうか。

　まず，心理検査の背後に基礎となるパーソナリティ理論や研究成果が存在している点があげられるでしょう。例えば，FFPQ や NEO-PI-R はビッグ・ファイブ，MPI はアイゼンクのパーソナリティ理論にもとづく心理検査です。投映法検査も同様に，TAT はマレー（Murray, H. A.）の欲求 - 圧力理論，P-F スタディはローゼンツァイク（Rosenzweig, S.）のパーソナリティやフラストレーションに関する理論がその背景に存在します。心理検査について学ぶ場合，実施法や採点方法に重点が置かれることが多いですが，適切な解釈のためには各検査の理論的背景を理解することが望まれます。

　次に，心理検査は信頼性（reliability）と妥当性（validity）が検討されています。信頼性とは測定結果の安定性や正確性のことです。パーソナリティは比較的安定していると考えられます。例えば，社交的な人は「今日も」「明日も」「あさっても」社交的にふるまうことが予想されます。つまり，同じ人物の検査結果はいつ測定しても（完全に一致することは難しいかもしれませんが）同じ結果になるでしょう。測定ごとに結果が異なるような心理検査は信頼性がないことになります。

　妥当性はその検査が測定しようとしているものをきちんと測定できているのかということです。例えば，「重さ」を知りたい時にものさしを用いることはありませんし，「英語力」を数学や国語の問題によってみることはできません。対象を測定しようとするためにふさわしい項目あるいは課題でなければ，適切な結果を得ることができないのです。このため，心理検査を作成するためには妥当性の検討が不可欠になります。

　最後に，さまざまなタイプの心理検査が開発されていますが，どの心理検査も万能ではありません。1つの検査で個人のすべてを理解することはできないのです。このため，例えば心理臨床の現場では複数の心理検査を組み合わせて使用し，総合的な個人理解を目指します。それぞれの検査が何を測定しようとしているのか，どのような短所があるのか。それぞれの特徴と限界をよく理解することが大切です。

学びのポイント

1) 特性論と類型論について理解し，説明できるようになりましょう。
    ① 特性論と類型論それぞれの特徴と，長所・短所について説明してください。
    ② 特性論と類型論は対立する理論でしょうか。それとも互いを補うことができる理論でしょうか。考えてみてください。
2) 個々のパーソナリティ理論の特徴を理解しましょう。また，テキストで紹介した以外にも多くのパーソナリティ理論があります。調べてみましょう。
    ① クレッチマーやユング以外にどのような類型論があるでしょうか。
    ② 特性論では5因子モデルが現在もっとも普及しています。このモデルの特徴はどのようなものでしょうか。他の特性論とはどのような違いがあるでしょうか。
3) パーソナリティの測定について，次のことを説明できるようになりましょう。
    ① 質問紙法について：代表的な心理検査，長所と短所
    ② 投映法について：代表的な心理検査，長所と短所
    ③ 心理検査の信頼性と妥当性について

文　献

Allport, G. W. (1937). *Personality: A psychological interpretations*. Holt.（詫摩 武俊・青木 孝悦・近藤 由紀子・堀 正（共訳）(1982). パーソナリティ―心理学的解釈　新曜社）

McAdams, D. P. (2009). *The person: An introduction to the science of personality psychology* (5th ed.). New Jersey: John Wiley & Sons.

辻 平治郎（1998). 5因子性格検査の理論と実際　北大路書房

第5章 パーソナリティⅡ
パーソナリティの基盤と定性的アプローチ

　第4章では特性や類型など，行動傾向のある側面に注目して人々のパーソナリティを記述したり，測定したりする方法とその理論について紹介しました（定量的アプローチ）。第5章では，それ以外にどのような方法でパーソナリティにアプローチできるか考えてみましょう。

5-1　統合的なパーソナリティ理解

　統合的なパーソナリティ理解が①パーソナリティ特性からみた行動傾向，②人生の課題に対するその人特有の適応様式，そして③ライフストーリーという3つのレベルから行われることは第4章でも紹介しましたが，マクアダムスとパル（McAdams & Pals, 2006）はこれにパーソナリティ理解の背景ともいうべき2つの重要な"法則"を加えています。その1つは，個人間にみられる多様性を人間全体の生物学的・進化的なデザインにおいて理解するということです。パーソナリティは人それぞれに異なるものですが，その根底には人間という種において共通の生物学的基盤があります。もう1つは，3つのレベルのパーソナリティに文化という文脈が影響を及ぼしていることです。この影響はライフストーリーのレベルでもっとも顕著です。本章ではこうした背景と共に，パーソナリティという複雑な現象の性質をありのままに捉えようとする定性的アプローチについて紹介します。

5-2　パーソナリティの生物学的基盤

　人が環境に適応して生きていけるのは，環境からの刺激を受け取り，また環境に対してはたらきかけるという絶え間ない相互作用の賜物です。そうした行動を支える大脳と神経系のはたらきについては第13章で詳しく説明されてい

ますので，ここではパーソナリティがどのような生物学的な仕組みによって生じるのかをみてみましょう。

パーソナリティのきざしは人がまだ幼い頃から観察されます。トマスとチェス（Thomas & Chess, 1977）は，身体活動の活発さ，新しい刺激に対する積極性，泣く・笑うなどの感情反応の強さ，気の散りやすさなど9つの気質次元から赤ちゃんの行動を観察し，その組み合わせから「扱いにくい子ども」「扱いやすい子ども」「エンジンがかかりにくい子ども」という3つのタイプがあることを見出しました。このように，まだあまり環境の影響を受けていないと思われる幼い子どもの行動にも個人差があるということは，パーソナリティには生物学的にもって生まれた部分があることを示唆します。その後，こうした気質の生物学的な基盤を明らかにしようとする研究が行われるようになりました。

クロニンジャー（第4章参照）のパーソナリティ理論は，神経伝達物質のはたらきを基盤にもつ4つの気質次元と，成長や発達に伴って形成される3つの性格次元から構成されています。クロニンジャーはこれらの7次元を測定するためにTemperament and Character Inventory（TCI）という質問紙を作成しており，日本語への翻訳も行われています（Kijima et al., 2000）。TCIで測定される気質得点の高低によって行動にどのような特徴がみられるか，木島（2014）は表5-1のようにまとめています。

なおクロニンジャーの理論では，これらの気質と，自己志向性，協調性，自己超越性という3つの性格の特徴をパーソナリティ障害も表現できると考えて

表 5-1 クロニンジャーの気質次元（木島，2014 より作成）

気質	行動の特徴	想定される神経伝達物質
新奇性追求	高い：新しいもの好き，おしゃべり，不規則な行動 低い：頑固，禁欲的，規則正しい行動	ドーパミン
損害回避	高い：心配性，内気，悲観的 低い：リスクを好む，外向的，楽観的	セロトニン
報酬依存	高い：共感的，情緒的，感傷的 低い：孤立，冷静，感傷的でない	ノルアドレナリン
固執	高い：完全主義，熱心 低い：適当，飽きやすい	？

います。パーソナリティ障害とは主に①認知，感情，対人関係，衝動抑制などにおける行動の特徴が一般にその文化から期待されるものから著しく偏っていること，②その特徴が時間的にも状況的にも比較的一貫して見受けられること，③それによって社会的な生活に困難が生じていること，といった特徴から定義される精神疾患です。DSM-5（アメリカ精神医学会，2014）では10種類のパーソナリティ障害があげられており，これらはクロニンジャーの理論では自己志向性・協調性の低さ（パーソナリティが未成熟であること）に加えて3つの気質，または3つの性格次元の組み合わせで表現されます（表5-2）。

近年，遺伝研究の発展や大脳機能を調べるさまざまな手法の進歩によって，パーソナリティの生物学的基盤を調べる研究は増えてきています。

表 5-2 クロニンジャーのパーソナリティ理論からみたパーソナリティ障害

パーソナリティ障害の分類とその特徴		気質3次元の組み合わせ		
		新奇性追求	損害回避	報酬依存
演技性パーソナリティ障害	自己顕示が強く，役割を演じているように極端で大胆に行動する	高	低	高
反社会性パーソナリティ障害	利己的で他者を操作・利用しようとする	高	低	低
自己愛性パーソナリティ障害	他者から賞賛を求め，特別な存在であるように行動し，他者への配慮にかける	高	高	高
境界性パーソナリティ障害	対人関係や自己像が不安定で，衝動的に自他を傷つけるような行動をとることがある	高	高	低
統合失調質パーソナリティ障害	親しい人をもたず，一人で行動することを好む	低	低	低
回避性パーソナリティ障害	ある程度の人間関係はもつが，人付き合いが苦手で，他者からの批判や拒絶に敏感	低	高	高
強迫性パーソナリティ障害	完全主義が強く，他者に仕事を任せたり，成り行き任せに行動することができない	低	高	低
		性格3次元の組み合わせ		
		自己超越性	自己志向性	協調性
妄想性パーソナリティ障害	世界は危険で信用できないと考え，自分の考えだけが正しいと思い込む	高	高	低
統合失調型パーソナリティ障害	風変わりな行動や思考を持ち，周囲から孤立しがちである	高	低	低
依存性パーソナリティ障害	自分の行動に自信がなく，何かにつけて他者に頼って決めようとする	低	低	高

双生児研究などを用いる行動遺伝学的な研究では，ビッグ・ファイブと呼ばれるパーソナリティの5特性（第4章参照）の遺伝率（どの程度遺伝によって決定されるか）は30〜50%程度であり，残りのほとんどは非共有環境（双子やきょうだいでも共有していない環境の要因）によって説明できることが示されています（安藤，2012）。

また神経伝達物質の観点から行われた研究知見を総合すると，ドーパミン受容体に関わる遺伝型やドーパミン系の神経回路の働きが新奇性追求，外向性，行動接近システム（BAS; Behavioral Approach System）などのパーソナリティ次元と関連しているという知見が得られています。行動接近システムは，コー（Corr, 2008）がグレイの理論から発展させた報酬感受性理論で想定しているパーソナリティ次元で，外向性，新奇性追求と共に報酬を含むポジティブな刺激に対する反応性や衝動性という側面を含んでおり，これがドーパミン系回路のはたらきと関係しているのだと考えられます。同様にセロトニン系の神経回路のはたらきは，ネガティブな刺激への反応性や不安などの側面をもつ損害回避，神経症傾向，および行動抑制システム（BIS; Behavioral Inhibition System）と関連することが示唆されています。しかしこうした知見は，サンプルサイズや研究手法によっては知見が一貫しないこともあり，今後の検討が待たれます。

5-3　進化論からみたパーソナリティ

心理学の中には，人間のさまざまな行動を環境への適応という観点から捉える進化心理学という領域があります。進化心理学では基本的に，進化の過程において適応にとって有利な行動傾向は次の世代，その次の世代へと遺伝によって受け継がれていくことになり，反対に適応にとって不利な行動傾向は淘汰されると考えられます。適応にとって不利ということは，その個体自体が生き残りにくく，また子を作って育てるのに十分な資源を得ることが難しいからです。

人間もまた長い進化の歴史の中で，適応にとって有利であると思われる行動を獲得してきたと考えられます。例えば配偶者に求める特徴を大規模に調査したバスら（Buss et al., 1990）の結果では，男女とも配偶者に親切さや知性，健康などを求めることが分かりましたが，こうした特徴に加えて，男性は女性の

身体的魅力を重視し，女性は男性の経済力を重視する傾向があるという違いも見出されました。この結果を「子孫を残す」という適応課題から考えてみましょう。人間の場合，一人の子どもが次の世代の子どもを生めるようになるまで成熟するには，長い時間と多くの経済的・社会的資源を要します。従って女性は，自分の子どもを確実に育て上げることに協力してくれる，経済力をもった男性を望むのでしょう。一方男性は，自分の遺伝子をもった子どもを確実に，またできるだけたくさんもつために，子どもを作るのに適した身体的条件をもった女性を望ましいと感じるのでしょう。人々が配偶者を選ぶ時に常にこのようなことを意識している訳ではないかもしれませんが，進化心理学的な説明は「なぜ人はこのような特徴を配偶者に望むのだろうか」という大きな疑問に対して，ひとまず納得できるような答を与えてくれます。

　ではパーソナリティ，すなわち行動傾向の個人差についてはどうでしょうか。ある行動傾向が適応にとって常に不利だとすれば，進化の過程でその行動傾向は次第に淘汰されて個人差はなくなっていくでしょう。しかし実際には，生物が生きているローカルな環境には違いがあります。例えばグッピーの仲間の小魚では，新奇な対象に積極的に接近する程度に個体間で違いがあることが分かっています。こうした行動傾向は捕食者となる大きな魚がいる下流では命の危険につながるため，結果として下流ではおとなしい個体が増えていくと予測されます。反対に捕食者がいない上流では，積極的な個体は餌や配偶者を獲得しやすく，繁殖にも有利でしょう。このようにしてローカルな環境の特徴によって同じ種の生物に行動の多様性が生じ，遺伝によってその差は維持されていくのだと考えられます。

　では人間の場合はどうでしょうか。ネトル（2007, 2011）は人のパーソナリティについて，ビッグ・ファイブの各特性が環境への適応という点からみてどのような性質をもつかを考察しています。表5-3にまとめたように，人が生きている多様な環境においては，各特性が示す行動傾向は有利にも不利にもなる可能性があります。例えば，集団の中で多くの他者と関わる生活を送る人間にとっては，「はっきりと自己主張できること（外向性）」や「他の人と協力してうまくやれること（協調性）」は一般には望ましいとされる特徴かもしれません。しかし，その人が生活している状況によっては，これらの特徴がネガティブに

表 5-3 進化心理学的にみたビッグ・ファイブの利益とコスト（行動傾向が強い方が適している環境（□）と，弱い方が適している環境（■））（ネトル，2009, 2011 をもとに作成）

特性	利益	コスト
外向性	集団内で積極的に行動し，地位や社会的資源を獲得しやすい □不安定な社会的状況や新しい環境	事故，病気，対人トラブルのリスクが高くなる ■安定した社会状況
神経症傾向	脅威や危険に対して敏感で，すばやく対処できる □実際に脅威がある状況	ストレスによって健康や人間関係に影響を受けやすい ■脅威がない状況
勤勉性	課題に対して計画的に準備できる □計画を立てて取り組む仕事や責任のある立場	変化する環境に柔軟に適応することが困難 ■臨機応変な対応が求められる仕事や立場
協調性	他人と協力して課題に取り組める □互いに協調的な集団にいる状況	自分の利益を大きくすることに失敗する。だまされやすい ■"ずるい人"が集団内にいる状況
開放性	芸術的な創造性を発揮できる 社会的な評価や魅力を得やすい □芸術，ユニークさなどを重んじる社会的状況	まとまりのない思考，さらに精神病的な思考につながる可能性がある ■現実的な価値を重視するような社会的状況

はたらくこともあります。反対に，不安や落ち込みやすいこと（神経症傾向）は心理病理につながることもあり，ネガティブに捉えられやすいですが，環境内にある脅威に正しく対応するためにはこうした敏感さは必要なものでもあります。自分の行動傾向を把握することは，自分らしさを生かしながらうまくやっていける環境をみつけることにも役立つのです。

5-4　パーソナリティと他者

　マクアダムスのレベル 2 のパーソナリティ理解は，人が人生における課題にどのように適応しているかという観点から行われるものです。人は生きている限り，自分を取り囲む環境からさまざまな影響を受け，また環境に対してさまざまにはたらきかけています。そして「他者」は，環境の中でも重要な役割を果たしています。ここでは他者との関わりの中で現れるパーソナリティに注目してみましょう。

　人が人生のもっとも早期から関わる存在は養育者でしょう。これは生物学的

な親である場合が多いですが，それ以外にも子どもの養育に中心的に携わる人との関わりは，子どもの発達に大きな影響を与えます。愛着理論（第2章参照）でも紹介したように，親の養育態度が安定していて子どもの情緒に沿ったものであるか，不安定でその時々で一貫していないか，あるいは拒否的であるか，というような特徴は，子どもが自分自身と環境（つまり他者）に対して形成するイメージに影響し，そしてその自己観や他者観（愛着スタイル，内的作業モデル）は，子どもが成長した後でも友人や恋人など重要な人々との関係のあり方や，自分自身が親となって子どもを養育する際の行動に影響を及ぼすと考えられています。成人の愛着スタイルは，内的作業モデル尺度，成人愛着スタイル尺度，成人愛着面接などで測定されます（金政，2003参照）。しかし一方では，子ども時代に不安定な愛着を形成していても，その後の生活の中で，満足できる結婚や出産などのポジティブなライフイベントを経験することで安定的な愛着スタイルに変化する（獲得安定型）という知見も得られています（高橋，2015）。乳幼児期の重要な他者との関係は確かにその後のパーソナリティ形成に大きな影響を及ぼしますが，それは決定的なものではなく，その後に自分自身がどのような人間関係を作ってゆくかによって変容する可能性を備えています。

　子どもは成長するにつれて，養育者以外の家族，幼稚園や学校での同年齢集団，職場集団や地域集団というようにたくさんの人と出会い，またその過程で配偶者など重要な他者と意味のある関係を結ぶようになります。第3章で紹介したエリクソンの理論では各発達段階においてこうした重要な他者の存在を想定しています。例えば青年期では同年代の仲間集団や外集団（自分が属していない集団）が重要な役割を果たすと考えられています。青年期の発達課題である自己同一性（アイデンティティ）の確立，つまり，自分がどんな人間なのか，社会の中でどんな役割をもっているのかについて模索し，時には深く悩み，やがてまとまりのある「自分」という感覚を獲得するという作業にあたって，人は自分がどのような存在であるのかを知る参照枠として他者を必要とするのです。さらにこの後，人は他者と親密な関係を形成したり，子どもをもったり，仕事に没頭したりして，次の世代にその成果を伝えながら，自分の人生の意味を見出していくと考えられています。パーソナリティは人の能動的な努力によ

って生涯を通して発達し続けるものであり、他者との関わりはその時々で重要な役割を果たしているのです。

ケリー (Kelly, 1955) は、人が他者を含む世界をどのように認識しているかという観点からパーソナリティを理解できると考えています。ケリーのパーソナル・コンストラクト理論によれば、人は多くの人と出会い、さまざまな出来事を経験する中で、それらの出来事の間の類似点と相違点に気づき、それらの出来事を整理し、理解するための概念（コンストラクト）を構成していきます。そしてそれらのコンストラクトにもとづいて、他の出来事を予測し、その予測にもとづいて行動するようになります。

ケリーは人々のコンストラクトシステムを理解するために、ロール・コンストラクト・レパートリー・テスト（レプテスト）という方法を考案しました。レプテストではまず、自分をはじめとして、母、父、きょうだいや恋人、配偶者、魅力的な人、嫌いな先生など、およそ20から30の役割リストを提示し、それに該当する実際の人物をあげてもらいます。次に、それらの人物から3人を

表5-4 レプテストの回答例

	1	2	3	4	…	…	…	17	18	19	20		
役割リスト	自分	母親	父親	同性のきょうだい	:	:	:	以前の恋人	好きな先生	成功した人	幸せな人		
実際の人物	○子	A子	B郎	C子	:	:	:	Wさん	X先生	Yさん	Zさん	類似コンストラクト（⊗の特徴）	対比コンストラクト（○の特徴）
1,2,4	⊗	○	✓	⊗		✓			✓	✓	✓	明るい	気むずかしい
3,10,17			⊗	✓	○		⊗			✓	✓	頭が良くて自信がある	自信がない
2,9,10	○			✓	⊗	⊗		✓			✓	思いつきで行動する	慎重
:													

注) 3人以外の人物で類似コンストラクトがあてはまる人には✓をつける。

選んで提示し，3人のうち2人に共通している特徴（類似コンストラクト）と，残りの1人だけがもっているような特徴（対比コンストラクト）を考えてもらいます。そして残りの人物たちについても，類似コンストラクトがあてはまるかどうかチェックしてもらいます。このような3人組をいくつか設定して，同じ作業を繰り返します（表5-4）。

　レプテストはあらかじめ質問項目が決まっているパーソナリティテストとは異なり，回答者やテストの目的に合わせて役割リストや3人組を設定することができます。また回答されたコンストラクトの内容や数，その応用範囲などから，その人独自の特徴を理解することができるという点からも，すぐれて個性記述的なアプローチだといえるでしょう。

5-5　ライフストーリー研究

　マクアダムス（McAdams, 2009）は，レベル1の特性による行動傾向の理解がパーソナリティ理解のアウトラインとなり，その人特有の適応の仕方（レベル2）を理解することでそのアウトラインの細部を埋めることができると述べています。そしてレベル3，すなわちライフストーリーによるパーソナリティ理解によって，その人が自分自身の人生全体の意味や目的をどのように捉えているかが明らかにされます。ライフストーリーとは，単にその人の人生で何が起こったかという事実の列挙ではなく，それらの出来事が意味づけられ，全体としてまとまりのある物語として構成されるものです。

　ライフストーリー研究は，インタビューや自由回答形式の質問紙などを用いて行われます。ここではマクアダムスによるインタビューの内容を紹介しましょう。

①**人生の章立て**
「もしあなたの人生についての本があるとしたら，章の構成や，各章の内容はどんなものになるでしょう？」
②**重要な8つのエピソード**
　次に，その人らしさを決定するうえで重要な8つのエピソードやシーンをあげてもらいます。8つとは，人生が最高潮の時，最低だと思った時，転換期に

なるような出来事，もっとも幼い時の記憶，子ども時代・青年期・成人期の重要な出来事，そしてこれらとは違うもう1つの重要な出来事です。そして各エピソードについて，何が起こり，誰が関わり，その出来事について何を考え何を感じたか，など詳細についても尋ねます。

③**人生における挑戦**

これまでに直面したもっとも困難な問題について，それがどのように起こったか，その問題を解決するために何をしたかを尋ねます。

④**主要なキャラクター**

物語にもっともポジティブ，またはネガティブな影響を与える人物を一人ずつあげてもらいます。

⑤**将来のプロット**

物語がこの先どのように進んでいくか，次に何が起こり，その章がどのように描かれるかについて，目標や夢，将来への恐れなどを含めて尋ねます。

⑥**個人的なイデオロギー**

基本的な価値観や宗教上，また政治上の信念などについて，それがどのように形成されてきたかを含めて尋ねます。

⑦**人生のテーマ（主題）**

最後に，ライフストーリー全体を通したテーマを決めてもらいます。

このような方法で得られたライフストーリーを分析する方法はいくつかあります。例えばマクアダムスはライフストーリーの流れを2つのタイプに分けています。回復（redemption）タイプは「父親が亡くなり大変悲しんだが，家族の気持ちは一層強く結びついた」のように，恐れ，喪失感，悲哀，罪悪感などを伴うようなネガティブな出来事がポジティブな結果に転じるというストーリーです。このような回復のテーマはさまざまな文化の神話や民話に共通してあらわれますし，また主要な宗教においても非常に強力な考え方です。もう1つの失墜（contamination）タイプは，「結婚してすばらしい日々を送っていたが，急に妻から離婚を求められた」というように，ポジティブな出来事が損なわれ，失われるようなストーリーです。

これら2つのタイプと，エリクソンがいう成人期の発達課題であるジェネラ

ティビティ（子孫，業績，思想など自分がこれまでの人生において努力して獲得してきたものを次の世代に継承しようとすること）との関係を調べると，アメリカの成人では，この傾向が高い人では回復エピソードが顕著に語られることが分かっています。また回復タイプのエピソードを語ることと，人生の満足感や自尊心の高さとは正の相関があり，逆に抑うつ傾向とは負の相関がありました（McAdams, 2009）。

　同じような出来事を経験したとしても，それをどのように意味づけ，どのように今後の自分につなげるか，そして全体として自分の人生をどのようなものとして受け止めるかは人によってさまざまに語られるでしょう。こうした観点からのパーソナリティ理解はすぐれて個性記述的で，臨床実践などでも重要な方法として用いられます。

学びのポイント

1) パーソナリティに生物学的な基盤があるという知見は，「性格は生まれつき決まっていて変えられない」という素朴な考え方につながってしまうこともあります。本章で紹介した内容を参考にしながら，この考え方にクリティカルに反論してみてください（あなた自身が「性格は変えられない」と信じている場合でも）。
2) マクアダムスの手続きに従って，現時点でのライフストーリーを書いてみましょう（できるだけ結果の分析方法については意識しないで）。そして，自分らしさがストーリーのどのようなところにあらわれているか感じ取ってみましょう。
3) パーソナリティを理解するための方法として，本章で紹介したライフストーリーやレプテストなどの定性的アプローチは，定量的アプローチ（第4章参照）と比較して，どのような点がすぐれているでしょうか。

文　献

American Psychiatric Association（2013）. *Diagnostic and statistical manual of mental disorders*（5th ed.）.（高橋 三郎・大野 裕（監修）（2014）. DSM-5 精神疾患の診断・統

計マニュアル　医学書院）

安藤 寿康（2012）．遺伝子の不都合な真実―すべての能力は遺伝である　筑摩書房

Buss, D. M. et al. (1990). International preferences in selecting mates: A study of 37 cultures. *Journal of Cross-Cultural Psychology, 21*, 5-47.

Corr, P. J. (Ed.) (2008). *The reinforcement sensitivity theory of personality*. Cambridge University Press.

金政 祐司（2003）．成人の愛着スタイル研究の概観と今後の展望　対人社会心理学研究, *3*, 73-84.

Kelly, G. A. (1955). *The psychology of personal construct*. Vol.1. New York: Norton.

木島 伸彦（2014）．クロニンジャーのパーソナリティ理論入門―自分を知り，自分をデザインする　北大路書房

Kijima, N., Tanaka, E., Suzuki, N., Higuchi, H., & Kitamura, T. (2000). Reliability and validity of the Japanese version of the Temperament and Character Inventory. *Psychological Reports, 86*, 1050-1058.

McAdams, D. P. (2009). *The person: An introduction to the science of personality psychology* (5th ed.). New York: Wiley.

McAdams, D. P., & Pals, J. L. (2006). A new big five: Fundamental principles for an integrative science of personality. *American Psychologist, 61*, 204-217.

Nettle, D. (2007). *Personality: What makes you the way you are*. Oxford: Oxford University Press.（竹内 和世（訳）(2009). パーソナリティを科学する　白揚社）

Nettle, D. (2011). Evolutionary perspectives on the Five-Factor Model of personality. In D. M. Buss & P. H. Hawley (Eds.), *The evolution of personality and individual differences* (pp.5-28). New York: Oxford University Press.

高橋 靖子（2015）．母親のワーキングモデルの変容に関する研究の概観　上越教育大学研究紀要, *34*, 139-149.

Thomas, A., & Chess, S. (1977). *Temperament and development*. Oxford, England: Brunner/Mazel.

第6章 臨床Ⅰ ストレスとメンタルヘルス

6-1 ストレッサーとストレス反応

　私たちは生活の中でさまざまな体験をします。その中には友達や家族とのけんか，仕事や試験での失敗，ケガや病気など"ストレス"を感じる出来事がたくさんあります。また，そのようなストレス体験をきっかけに心理的な問題を抱え，社会や日常生活にうまく適応できなくなることも少なくありません。この章ではラザラス（Lazarus & Folkman, 1984 本明ら訳 1991）の心理ストレスモデルを中心に，ストレスとメンタルヘルスについて考えてみたいと思います。

　まず，心理学では"ストレス"となる出来事をストレッサー（あるいは心理ストレッサー）と呼んでいます。ストレッサーは，大きく2つに分けることができます。1つは，生活の中で時々遭遇する大きな出来事で，ライフイベント（life event）と呼ばれています。ホームズとレイ（Holmes, T. H. & Rahe, R. H.）の研究では，ストレスフルなライフイベントとして，配偶者や近親者の死，離婚，けがや病気などがあげられています。また，ストレッサーには，ネガティブなものだけでなく，結婚や就職，長期休暇などのポジティブな出来事も含まれます。これらのライフイベントは誰しも経験する可能性があるものですが，発達段階とも関係しています。例えば大学生が経験しやすいライフイベントとして，入学，入学に伴う引っ越しや新生活，失恋，就職活動などがあげられます。これらの出来事はいずれも生活に大きな変化をもたらし，新しい環境に適応するために多くの努力を必要とするものです。

　もう1つは，日常生活の中で経験する些細な出来事で，「日常的いらだちごと（daily hassles）」と呼ばれるものです。例えば，仕事や勉強の課題，人間関係などで経験する日々のイライラやしんどさ，疲労などです。これら1つ1つは小さなものですが，日常生活で頻繁に経験し，蓄積されるとライフイベント

と同様に大きなストレッサーとなることが分かっています。

　次に，ストレッサーが私たちに与える影響について考えてみましょう。ストレッサーによって引き起こされるネガティブな反応がストレス反応（stress response）です。面接を受ける場面を想像してみてください。不安に感じ，緊張したり，ドキドキしたり，手にじっとりと汗をかいたりする人もいるのではないでしょうか。また，面接者の言葉に集中できなくなったり，考えがまとまらず上手に話せなくなったりする人もいるかもしれません。このように，情動的反応（不安，落ち込み，怒りなど），身体的な反応（発汗や心拍数の増加，筋緊張，腹痛，めまいなど），認知・行動的反応（集中困難，思考力や判断力の低下，短期間の記憶喪失など）といったさまざまなストレス反応が生じるのです。

　このような反応が起こることはごく自然なことです。また，多くのストレス反応はストレッサーがなくなれば消えていきます。しかし，ストレス状況が長期間持続する場合にはストレス反応も慢性化・重篤化し，心理的・社会的な不適応状態やストレス関連障害を引き起こすこともあります（6-4 参照）。

　ところで，同じ出来事を経験してもストレス反応を示す人とそうでない人がいます。ストレッサーとなりうる出来事をどのように評価するかには個人差があり，それによってその後の対処やストレス反応にも違いが現れます。ストレッサーに関する評価は，認知的評価（cognitive appraisal）と呼ばれ，一次的評価と二次的評価の2つに分けられます（Lazarus & Folkman, 1984 本明ら訳 1991）。

　一次的評価は，出来事に関する評価です。つまり，遭遇した出来事が自分にとって①無関係か，②無害（肯定的）か，③ストレスフルかどうかを評価します。出来事が無関係あるいは無害と評価されれば，その出来事はストレッサーにはなりません。ストレスフルな評価には，「害 - 喪失（何らかの損害を受けた）」「脅威（将来何らかの損害や喪失をもたらすことが予想される）」「挑戦（努力が必要だが成長や利得が期待できる」）が含まれます。先ほど面接の例をあげましたが，面接を「失敗するかもしれない」という"脅威"と評価する人もいれば，「合格できるようやってみよう」という"挑戦"と評価する人もいると思います。"脅威であり挑戦"と両方の評価をする人もいるかもしれません。

　一方，ストレスフルと評価された出来事に対して，二次的評価が行われます。

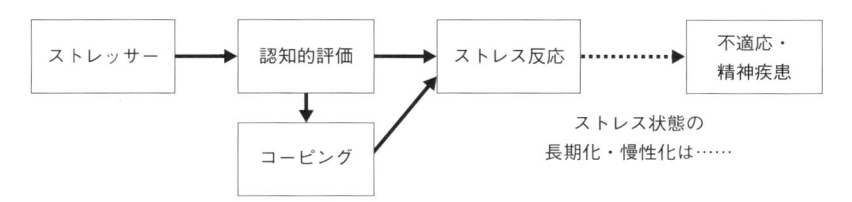

図6-1　心理ストレスモデルによるストレス発生プロセス

二次的評価は，対処可能性に関する評価です。どのような対処が可能か，それをうまく成し遂げることができそうかを評価します。面接の例でいえば，脅威であり，うまく対処できないと評価すれば，不安や心配の気持ちが生じてくるでしょう。しかし，脅威と評価してもなんとかうまく対応できそうと思えれば，やる気のようなポジティブな感情が生まれ，うまく対応できるかもしれません。

ちなみに，一次的評価は必ずしも二次的評価に先行して行われるわけではありません。二次的評価が一次的評価に影響を与えることも考えられます（自分がうまくやれそうなものは，もともとそれほど脅威に感じないでしょう）。2つの評価は同時に行われ，相互に関連すると考えられています。

6-2　ストレスへの対処

前節ではどのような出来事がストレスを引き起こすのかについて述べました。この節ではどのようにストレッサーに対処するのか，ストレスに対するコーピング（対処：coping）についてみていきましょう。

ラザラス（Lazarus & Folkman, 1984 本明ら訳 1991）は，コーピングを心理的ストレス状態に対して行われる個人の認知的・行動的な努力と定義しています。つまり，ストレスをもたらす状況に対して行われる試みすべてがコーピングとなります。コーピングがうまく機能すればストレッサーを最小限にすることや取り除くことができますが，うまく機能しなければ強いストレスを感じることになるでしょう。

先行研究をまとめると，コーピングはその機能から大きく3種類に分けて考えることができます。第1に，具体的な問題解決を目指したコーピング（問題焦点型コーピング）です。問題解決のための情報を集める，何をするべきか対策を考えるなどストレス状況そのものに積極的に取り組もうとする試みが含ま

れます。

　第2に，ストレスによって喚起された不快な情動反応を調節するためのコーピング（情動焦点型コーピング）です。買い物やスポーツ，友達とのおしゃべりなど，日常生活で行われるストレス発散はこのタイプのコーピングです。気晴らしや気分転換の他に，ストレッサーにポジティブな意味づけをしようとする肯定的な解釈も含まれます。

　最後は，回避コーピングです。ストレス状況から一時的に距離を置く，先延ばしにするなどの対処方法です。問題解決そのものを放棄することや，他者に責任転嫁し，逃げ出すなどのコーピングも含まれます。

　一般的には，ストレス状況そのものの解決を目指す問題焦点型コーピングが有効なコーピングといわれています。とくにストレッサーが対処可能と評価される場合には問題焦点型コーピングが優位になり，積極的に対処することでストレスを軽減できます。一方，脅威的で対処できないと評価される場合には情動焦点型コーピングや回避コーピングが優位になると考えられています。つまり，大きなストレスや困難に遭遇した場合には，一時的にその場を回避し，先延ばしにすることも有効な対処法になりうるのです。疲労困憊で歩き続けるよりも，休息をとって回復する方が効果的であることと同じです。

　また，同じ対処行動が複数の機能をもつこともあります。例えば，試験勉強について考えてみましょう。これは試験というストレッサーに対する問題焦点型コーピングであると同時に，試験に対する不安を取り除くための情動焦点型コーピングとも考えられます。コーピングの効果という点では，どれか1つのコーピングだけが望ましいというわけではありません。状況に応じて適切なコーピングを選択し，選択したコーピングがうまくいかない時には別のコーピングに変更できる，コーピングの柔軟性（coping flexibility）が効果的であることを示した研究もあります（Cheng, 2001; 加藤, 2001）。

　ところで，日常生活で遭遇するストレッサーについて考えてみると，必ずしも自分一人で対処するわけではなく，家族や友人などに助けを求めることも多いと思います。また，周囲から援助の手が差し伸べられることもあるでしょう。家族や友人など個人をとりまく人間関係から得られるさまざまな援助は，ソーシャルサポート（social support）と呼ばれています。

ソーシャルサポートは構造的サポートと機能的サポートに分けて考えることができます。構造的サポートとは，ソーシャルネットワークの広さと結びつきのことです。つまり，個人が身近な人間関係をはじめ，地域や社会とどれくらいの関わりをもっているかということです。多くのソーシャルネットワークをもつほど援助を受けられる可能性は高くなります。構造的サポートは，サポートの供給源の指標と考えられ，ストレスの多少にかかわらずメンタルヘルスに対して直接効果をもつのです。

　次に機能的サポートとは，個人が受け取る支援の内容のことです。例えば，友人が通学途中でお財布をなくして困っている時，お金を貸してあげたり，「大変だったね」と慰めの言葉をかけたりすると思います。前者のような支援は問題そのものを直接的・間接的に解決するものであり，道具的サポート（instrumental support）と呼ばれています。一方，後者のような言葉かけは問題を解決するものではありませんが，心理的な不快感を軽減し，気持ちを和らげるはたらきをもちます。このようなはたらきかけは情緒的サポート（emotional support）と呼ばれ，ソーシャルサポートに含まれます。また，実際の援助（実行されたサポート）だけでなく，援助の入手可能性（知覚されたサポート）がストレスの低減に効果的であることも明らかにされています。また，機能的サポートはストレッサーに直面した時に効果があらわれやすく，ストレスに対して緩衝効果をもつことが知られています（Cohen, 2004）。

　このように，ソーシャルサポートはメンタルヘルスの維持にとって重要な要因となります。信頼できる人・支えてくれる人がいること，周囲からサポートが期待できることは，それだけでも心強いものです。ストレスは自分一人で対処できるものばかりとは限りません。カウンセリングなどの専門家の援助も含め，周囲から支援を得ることも大切な対処方法なのです。

6-3　ストレスに関連する個人特性

　心理ストレスモデルは，環境と個人の相互作用からストレスのプロセスを説明しようとするモデルです。同じ出来事（ストレッサー）に遭遇しても，それをどのように評価するのかによって，その後の対処やストレス反応は異なると考えられています。つまり，ストレッサーの評価や対処行動には個人特性も大

きく関わっているのです。

　まず，ストレスに対する強みとなる個人特性にはどんなものがあるでしょうか。自己のコントロールに関わる特性として，自己効力感（self-efficacy）をあげることができます。ストレッサーに対処する状況を考えてみましょう。そのような時，私たちはその行動がどのような結果を生み出すかを考えます（結果予期）。また，良い結果を得るためにその行動をうまく行うことができるかも考えるでしょう（効力予期）。自己効力感とは，実際に自分がどの程度うまく行動できると思うかという個人が感じる遂行可能感です。自己効力感は，ストレッサーに対する認知的評価に影響を与えます。自己効力感が高ければ，ストレッサーに対する対処可能性を高く見積もることができ，大きなストレス反応を生じることはないでしょう。

　楽観性（optimism）もまた，メンタルヘルスを促進する特性と考えられています。楽観性は，悪いことよりも良い結果が生じるだろうと期待する個人的な傾向のことです。戸ヶ崎・坂野（1993）では楽観性が高いほど自己効力感が高く，自分の能力を高く評価し，積極的に行動する傾向にあることが示されています。楽観性もまたストレッサーに対する認知的評価に影響を与える特性と考えられます。

　ところで，ストレッサーの中には個人の力ではどうすることもできないものもあります。例えば，自然災害や大きな事故・犯罪に巻き込まれることがあるかもしれません。このような困難な状況や心理的なダメージからの回復に有効と考えられるのがレジリエンス（resilience）です。

　レジリエンスは，発達や精神保健のリスク要因に関する研究の中で生まれた概念です。例えば，不安定な家庭環境は子どもたちの発達に大きく影響し，心理的・社会的な問題につながることが少なくありません。しかし，同じような経験をしたにもかかわらず，良好な適応を示す人もいます。このような良好な適応を示す人に認められる特徴から，困難な状況に対する保護因子や補償因子を明らかにしようとする研究が進められ，注目されるようになりました。ちなみに，レジリエンスにはまだ統一された定義はありません。不幸な出来事や逆境を克服し再適応していく過程そのものを意味することもあれば，保護因子の総称として使用されることもあれば，保護因子の中でも個人的な心理特性のみ

をさして使用されることもあります。

　個人的な心理特性としてのレジリエンスにはどのようなものが含まれるのでしょうか。小塩（2010）は，①肯定的な未来志向（ポジティブな未来を予想し，その将来に向けて努力しようとすること），②新奇性追求（新しいことに興味をもち，チャレンジしていくこと），③感情調整（自分の感情をコントロールできること）をあげています。その他，自分に対する肯定感，問題解決スキル，他者との関係志向性などをレジリエンスの構成要素としてあげている研究者もいます。このように，自分の対処能力に対する自信や肯定感，将来に対する見通しは，ストレッサーに対する認知的評価だけでなく，ストレスからの回復にも有効と考えられています。

　次に，ストレスに対する脆弱性となる個人特性ですが，代表的なものとしてタイプA行動パターン（Type A behavior pattern）をあげることができます。フリードマンとローゼンマン（Friedman, M. & Rosenman, R. H.）は心疾患患者に共通した心理行動特徴があることに注目し，それがリスク要因として作用していると考えました。その特徴とは，時間的切迫性・焦燥性，精力的活動，競争意識，敵意・攻撃性などです（山崎，1997）。日常生活でいえば，いつも時間に追われながら，仕事や課題を精力的にこなし，他者に対する競争心や攻撃的言動が目立つような人物といえるでしょう。タイプAの人は，これらの特徴のためにストレスを見過ごしやすく，あるいは気づいていてもそれを無視して課題を遂行しようとするため，結果として強いストレスを抱えてしまいます。ストレスフルな状態が長く持続することが，免疫系や自律神経系へ悪影響を及ぼし，心疾患などの発症・発作につながると考えられています。近年の研究では，タイプAの構成要素の中でも，敵意・攻撃性がとくにリスク要因となることが指摘されています。

　敵意（hostility）と攻撃性（aggression）は，前者は他者に対する否定的な見方，後者は他者に対する攻撃的な行動と概念的に区別されます。これに怒り（anger）を加えたAHA（anger, hostility, aggression）は，心身の健康に影響を与える特性として研究されています。敵意的な認知は，対人的なストレッサーにつながりやすく，過度な怒りの表出や攻撃性によって対人関係を悪化させたり，心身の問題を引き起こすと考えられています。一方で，怒りを表出せず，

過度に抑制することもストレスにつながります。

　帰属スタイルの個人差もストレスに対する脆弱性となります。何か失敗をしてしまった時，その原因をどのように考えるでしょうか。原因帰属の方向は，内的帰属と外的帰属の2つが考えられます。この中で内的な帰属をしやすく，さらに安定的（いつも）・全体的（どんなことでも）な帰属スタイルをもつ人は，無力感を感じやすく，うつ状態になりやすいといわれています。例えば，アルバイトなどで失敗してしまった時，「要領が悪いな（内的帰属）」「また失敗するな（安定的）」「きっと他のことでもダメだろうな（全体的）」と考えると，悲しい気持ちになり，何もしたくなくなるでしょう。自分に自信がもてず，自己嫌悪に陥ることも考えられます。

　また，怒りやうつ，不安などはストレッサーに対する感情的反応として生じるものですが，感情の感じやすさにも個人差があります。特にネガティブな感情に対する感受性が高いと，ストレッサーを脅威と認知しやすく，このために小さなストレッサーに対しても過剰に反応してしまいます。このように感情に対する感受性もまた，ストレスへの脆弱性といえるでしょう。

　ここまでストレスに関連する個人特性について，強みと脆弱性に分けて述べてきましたが，これは固定的なものではありません。例えば，楽観性はストレスに対する強みと考えられていますが，リスク認知のバイアスになるとの指摘もあります。楽観的な人は，悪いことは自分にはあまり起こらないと考えやすく，このためリスクについても低く見積る傾向があり，このことがメンタルヘルスを阻害する可能性があるのです。このようなバイアスは非現実的な楽観性（unrealistic optimism）と呼ばれています（Weinstein & Klein, 1996）。また，悲観的に考えることは不適応的と考えられてきましたが，不安の高い個人にとっては有効な対処方略になることも示されています（細越・小玉，2006）。不安が高い人はテストや課題に対して「うまくいかないかも」と悲観的になりやすいですが，そのぶん綿密に準備することで適切に課題に対処でき，良い結果を得ることができるのです。不安が高い人にとっては無理に楽観的に考えるよりも，悲観的に考えやすいことを利用して対処する方が効果的と考えられます。

　ネガティブ感情に対する感受性は，ストレッサーを脅威と認知させやすくしますが，これは同時にストレッサーの存在を自分自身に知らせるはたらきをも

ちます。早くストレッサーに気づくことができれば，それだけ早く対応することも可能となり，大きなストレスを防ぐことにつながるでしょう。ネガティブ感情を感じやすいという自分の特徴と理解し，それを対処に活かすことで，ストレスに対する強みとなりうるのです。

6-4 ストレスと精神疾患

1節でも述べたように，ストレッサーに対してストレス反応が生じることは自然なことです。一方で，ストレス状況の長期化や慢性化，あるいは強い衝撃をもたらすストレッサーは，私たち心身の状態に大きな影響をもたらします。この節ではストレスと精神疾患の関連について考えてみたいと思います。

まず，精神疾患にはどのようなものがあるでしょうか。表6-1にアメリカ精

表6-1 DSM-5に掲載されている診断分類

1	神経発達症群／神経発達障害群
2	統合失調症スペクトラム障害およびその他の精神病性障害群
3	双極性障害および関連障害群
4	抑うつ障害群
5	不安症群／不安障害群
6	強迫症および関連症群／強迫性障害および関連障害群
7	心的外傷およびストレス因関連障害群
8	解離症群／解離性障害群
9	身体症状症および関連症群
10	食行動障害および摂食障害群
11	排泄症群
12	睡眠－覚醒障害群
13	性機能不全群
14	性別違和
15	秩序破壊的・衝動制御・素行症群
16	物質関連障害および嗜癖性障害群
17	神経認知障害群
18	パーソナリティ障害群
19	パラフィリア障害群
20	他の精神疾患群
21	医薬品誘発性運動症群および他の医薬品有害作用
22	臨床的関与の対象となることのある他の状態

神医学会が作成している DSM-5（Diagnostic and statistical manual of mental disorders. 5th edition.）による精神疾患の分類を示しました。この表を見ると，精神疾患には，さまざまなものがあることが分かると思います。精神疾患はまた，その原因から心因性，内因性，外因性の3タイプに分けて考えることもできます。

　心因性は，つらい体験や重大な出来事に対する心理的な反応として症状が現れるものです。原因となる出来事と症状との関係が了解しやすいことが特徴の1つです。例えば，人間関係の悩みのために不眠や抑うつなどの問題が生じることは，程度の差はあれ多くの人が経験したことがあり，容易に理解できると思います。人間関係や環境，パーソナリティなどの心理・社会的要因が原因となって生じる精神疾患であり，ストレスともっとも関連が深いものです。また，心因性の症状というと抑うつや対人不安，思考や集中力の低下などの精神症状を思い浮かべると思いますが，身体的な症状（例えば，頭痛，下痢・便秘，胃痛など）もよく起こります。

　外因性には，器質性，中毒性，身体疾患に由来するものが含まれます。まず器質性は，脳に明らかな病変が認められるものです。例えば，脳梗塞のために脳の一部が損傷され認知障害などが起こる場合や，認知症などの影響でうつ症状や妄想などが出現する場合などです。中毒性とは，アルコールや薬物など中毒性物質によるものです。中毒性物質が脳機能の異常を生じさせ，妄想，幻覚，うつ症状などの精神症状が出現する場合です。身体疾患に由来するものは，体の病気の影響によって精神症状が現れる場合です。例えば，肝臓や甲状腺の病気のために精神症状が現れることがあります。女性に身近な例として月経前症候群もあげられます。月経周期によるホルモンバランスの変化によって，著しい情緒不安定，過食などの症状が現れ，重篤な場合には社会生活に支障をきたす場合もあります。最後に，内因性ですが，これは神経伝達物質が正常にはたらかないなど脳機能の障害によるものと考えられていますが，原因はまだはっきりと分かっていません。その発症には生得的素因が大きく影響すると考えられており，統合失調症や双極性障害が代表的な疾患です。

　外因性・内因性の精神疾患は，生物学的要因が原因と考えられている精神疾患で，心理・社会的要因が原因で出現することはありません。しかし，心理・

社会的要因もまったく無関係ではありません。その出現や症状の継続に間接的あるいは二次的に関与している場合もあり，治療を進めるうえで重要な要因でもあります。例えば，アルコール依存では，アルコールを摂取するようになった背景に仕事や対人関係のストレスが存在することもあるでしょう。また，アルコール依存は家族や仲間との関係を破壊し，社会的孤立を招きます。このため不安感・危機感からますますアルコールに依存するようになるのです。統合失調症は，心理・社会的要因だけでは発症することはない精神疾患ですが，ストレスが発症のきっかけとなることもあります。また，その治療・介入は薬物療法が中心となりますが，環境の調整も大切です。例えば，家族など身近な存在に病気について理解してもらいサポートを受けられる体制づくりや，本人が直面している困難や不安を和らげるためのカウンセリングなどが行われます。

　このようにどのような精神疾患であっても「心理的要因」「社会的要因」「生物学的要因」すべてが関わっており，各要因は複雑に相互作用しています。またその様相は個々人によって異なるため，さまざまな側面からアプローチしなければ，個人が抱える問題を理解し，治療・介入することは困難だといえるでしょう。メンタルヘルスの問題は，一方に偏ることなく，さまざまな視点から考えていくことが大切なのです。

6-5　ストレスマネジメント

　社会生活を送るうえでストレスを避けることはできません。では，私たちはストレスやメンタルヘルスの問題とどのように向き合っていけばいいでしょうか。近年，予防の観点からストレスマネジメントの重要性が指摘されています。つまり，ストレスに対して自分でケアできる力を身につけることが大切なのです。

　そのためにはまず，ストレスのメカニズムについて理解することや，精神疾患などメンタルヘルスの問題に対する正しい知識を得ることです。正しい知識があれば，自分に，あるいは家族や友人に何が起こっているのかを理解することができ，適切な対応をとることができるでしょう。

　次に，今自分がどのようにストレスとつき合っているかを知り，ストレスに対処する方法を拡充することです。例えば，自分にとってストレッサーとなり

やすいものはどのようなことでしょうか。ストレッサーをどのように受けとめ，どのようなコーピングを行っているでしょうか。自分の認知や対処の特徴に気づき，柔軟な考えかたや新たな対処方法を獲得することで，ストレスをうまく扱えるようになることが期待できます。具体的なストレスマネジメントの方法として，リラクセーション法の習得やソーシャルスキル・トレーニング，アサーション・トレーニングなどがあり，医療や心理臨床だけでなく学校や企業などさまざまな現場で活用されています。

学びのポイント

1) ストレスに関連する次の用語について，具体的な例をあげながら説明できるようになりましょう。
   ①ストレッサー
   ②認知的評価（一次的，二次的）
   ③コーピング（問題焦点型，情動焦点型，回避コーピング）
   ④ソーシャルサポート（構造的サポート，機能的サポート）
2) 日常生活で経験するストレスについて，心理ストレスモデルのプロセスに沿って説明してみましょう。例えば，大学4年生のAさんは就職活動をしていますが，面接で緊張してしまい，いつも上手に答えることができません。Aさんのストレスについて心理ストレスモデルに沿って考えてみてください。
3) ストレスに関連する個人特性にはどのようなものがあるでしょうか。強みとなるもの，脆弱性となるものを説明してくだい。また，それぞれについて，正負両面から捉えられるようになりましょう。
4) 精神疾患にはさまざまなものがありますが，その原因から①心因性，②内因性，③外因性に分けて考えられています。それぞれの特徴について理解しましょう。

文　献

Cheng, C. (2001). Assessing coping flexibility in real-life and laboratory settings: A multimethod approach. *Journal of Personality and Social Psychology*, *80*, 814-833.

Cohen, S. (2004). Social relationships and health. *American psychologist, 59*, 676-684.
細越 寛樹・小玉 正博（2006）.対処的悲観者の心理well-being および主観的well-being の検討　心理学研究, *77*, 141-148.
加藤 司（2001）.コーピングの柔軟性と抑うつの傾向との関係　心理学研究, *72*, 57-63.
Lazarus, R. S., & Folkman, S. (1984). *Stress, appraisal, and coping*. New York: Springer.（本明 寛・春木 豊・織田 正美（監訳）（1991）.ストレスの心理学―認知的評価と対処の研究　実務教育出版）
小塩 真司（2010）.精神的回復力　堀毛 一也（編）　ポジティブ心理学の展開　ぎょうせい　pp.82-89.
戸ヶ崎 泰子・坂野 雄二（1993）.オプティミストは健康か?　健康心理学研究, *6*, 1-11.
Weinstein, N. D., & Klein, W. L. (1996). Unrealistic optimism: Present and future. *Journal of Social Clinical Psychology, 15*, 1-8.
山崎 勝之（1997）.健康とパーソナリティ　島井 哲志（編）　健康心理学　培風館　pp.87-98.

第7章 臨床Ⅱ 心理カウンセリングと心理療法

7-1 心の援助

　精神的に健康であるとはどのような心の状態でしょうか。悩みのない元気な状態だと思いますか。もちろん悩みのない状態では，興味を引かれることにトライしてみたり，人間関係を楽しむことができるでしょう。しかし人生は一様に平穏とは限りません。さまざまなライフイベントの中には，なぜこんなつらい出来事が自分に起こったのかと耐えがたく感じられることがあるかもしれません。人生の節目では悩みを抱えやすく，時には心に不調をきたすこともあります。それは精神的に不健康な状態でしょうか。耐えがたい状態が続くと精神的に負担ですが，悩みがあってもそれを抱え，時間はかかっても解決へ向かって進む力をもっていることが大事なのです。そんな時，第6章にあるような，親やきょうだい，友人からの身近なサポートを受けること，専門家の援助を受けることが心の危機を乗り越えるために必要となります。さまざまな災害や事故，事件などの被害にあった人の精神面をサポートする重要性が認識されている現代でも，心理カウンセリングや心理療法を受けることに抵抗を感じる人は少なくありません。けがをしたらすぐに処置を行うのに，心の傷を治療することには戸惑いを感じ，そのまま放置したり，専門家の援助を受けず自分の力で克服しなければと考える人がいまだ多いようです。適切でない対処をしたために心の不調が続いたり，だんだんと悪化してしまうことも少なくないのです。

　心の専門家（日本では心理カウンセラー，心理療法家はほぼ同じ意味で認識されていますので本書でも同様に扱います）は心理療法を通して，症状の軽減やよりよく生きるための援助を行います。目にみえない心の傷に対して薬の処方や処置を行うのではなく，主に言葉を用い人間関係を通して援助を行うのです。現代には個々の理論にもとづいた多くの心理療法が展開されています。そ

の源流となった代表的な心理療法とその理論を3つの立場から紹介します。

7-2　心理療法の技法：精神力動の立場から

　心理療法を本格的に作りあげた最初の人はフロイト（Freud, S.）です。彼は心の病に対して言葉を用いた治療を行ったはじめての医師といえるでしょう。フロイトは精神分析療法（psychoanalysis）という心理療法の創始者です。心の病に意識できない心の世界，無意識が関係していることを明らかにしたフロイトの理論は，心に不調をきたした人を理解するうえで大変役に立つので，立場の違う多くの心理療法家（サイコセラピスト）は彼の理論を最初に学ぶのです。

　心の問題が身体の不調としてあらわれることがあります。身体に原因がないのに身体のあちこちにしびれや激痛（疼痛）が起こる，声が出ない（失声），歩けない（失歩）などの症状がでることがあります。19世紀末はこのような症状のある患者をヒステリーといいました（現在はヒステリーの診断名はなくなりDSM（第5章，パーソナリティⅡを参照）においては身体表現性障害などに置き換えられています）。精神科医フロイトと医師ブロイアー（Breuer, J.）の共同研究から，ヒステリー症状に悩む一人の若い女性の治療過程をみていきましょう。

■アンナ・O嬢のケース

　アンナは21歳の聡明で意志の強い，思いやりのある女性でした。アンナは父親をとても慕っており，父親が病に倒れると献身的に看病をしました。しかし，父親の看病に疲れ，激しい神経性の咳，視覚障害，身体の麻痺などのヒステリー症状が出てブロイアーのもとを訪れることになりました。アンナには，コップに口をつけて水が飲めないという症状がありました。コップが口に触れると，恐怖を感じ飲むことができないので，どんなにのどが渇いても果物のみで水分を補っていました。

　ブロイアーが催眠療法を行ったところ，アンナは次のようなエピソードを語りました。アンナにはどうしても好きになれない女性の家庭教師がいました。ある日その家庭教師の部屋を訪れた時，彼女が飼い犬にコップから水を飲ませ

ているところをみてしまいました。アンナは吐き気を催すほどの嫌悪を感じましたが，失礼なことをしてはいけない，と考えて何もいいませんでした。催眠下でアンナは，心の中に詰まったままになっていた強い嫌悪感をあらわしました。その後，突然水が飲みたいといい，コップから大量の水を飲み催眠から目覚めたのです。その後この症状は消失しました。

また，神経性の咳の症状が最初に現れたのは，父親の看病の最中，隣家からダンス音楽が聞こえてきた時だったことを，アンナは催眠下で思い出しました。「私もそこにいられればなあ」と思い，ダンスに行きたいのに行けないという不満の気持ちが湧

図7-1　アンナ・O

き上がりました。そして，父親の看病中にそんな不謹慎なことを思った自分を激しく非難し，その気持ちを抑え込みました。その時から咳の症状が出るようになった，ということを思い出すと，症状は消えてしまったのです。

「汚い」「ダンスに行きたい」という気持ちを抑え込むことにより，心の底にその気持ちが残り，症状が現れる原因となったのです。その症状は「語る」ことで除去されました。

このように不快な出来事やその時の感情を心の底に抑え込んで忘れてしまうことを抑圧（repression）といいます。精神分析の考え方を図7-2を用いて解説します。

7-2-1　心の構造・防衛機制

精神分析療法では，心を3つの領域に分けて考えます。無意識の領域はエス（Es）といい，人の本能から発するさまざまな欲求や願望（欲動，リビドー　libido）が潜んでいると考えます。お腹がすいた赤ちゃんが泣きわめ

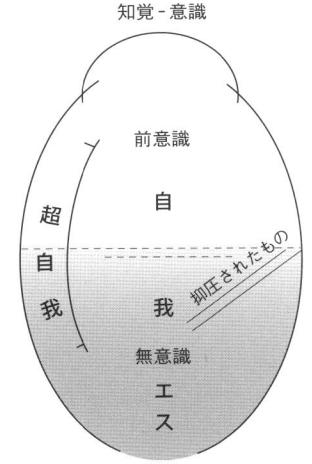

図7-2　心の構造

き，母親が授乳すると満足するように，エスは快を求め不快を避けます。もし人間がエスの欲求に従うならお互いの欲求がぶつかり合うことになります。こうした現実にさらされるうちにやがてエスの一部が自我（ego）へと変化するのです。自我は現実の条件に従って欲求の満足を延期，断念するなど適応した形でエスの欲求を満たそうとします。私たちが現実の条件に従うとき，目の前の現実に対してどうすることが適切なのかを判断する必要があります。超自我（super ego）は，幼児期の親のしつけや教育が心に取り込まれ，道徳心や規範として内面化されたもので，その人の判断基準となります。厳しいしつけを受けて育った人は強い道徳心や厳しい規範をもつでしょうし，そうでない人は自分に甘い選択をするかもしれません。

　アンナのケースでは，彼女は非常に強い道徳心，厳しい超自我をもっていたといえるでしょう。ダンスに行きたいなど少しでもエスの欲求が出てくると，それが超自我の強い道徳心，看病中になんと不謹慎な！という気持ちに晒されます。そこから不安が生じます。不安を感じないようにするため，自我は無意識的にさまざまな防衛法をとります。この防衛の仕方のことを防衛機制（defense mechanism）といいます。私たちはふだんいろいろな防衛機制を働か

表 7-1　主な防衛機制（前田，1994を一部抜粋，修正）

基本	固着	特定の発達段階で停滞する（発達の足ぶみ）
	抑圧	意識から締め出す
	退行	より早期への後戻り
	分裂	「よいもの」と「わるいもの」を切り離す
0歳〜1歳	取り入れ	対象を取り込む
	同一視	対象を取り入れて自分と同一化する。
	否認	現実を認めないで無視する（分裂した1つの面しかみない）
	投影	対象へ向かう欲求や感情を，相手が自分に向けているものと思い込む
	反動形成	本心と逆のことをいったり，したりする。
3歳〜	置き換え	妥協して代用満足する
	合理化	責任を他へ転嫁する
	知性化	感情を知的な観念にずらす
	昇華	欲求や感情を社会的に受け入れられる形で表現する
50歳〜	諦観	自分の限界を知って放念する（断念）

せています（表 7-1 を参照）。

　抑圧はみたくないもの，思い出したくない出来事など自我を不安にさせる記憶を無意識へ押し込め，意識から消し去ることです。アンナはダンスに行きたい，というエスの欲求を抑圧したのでした。以前の発達段階へ戻る退行は，弟や妹が生まれた時の赤ちゃん返りとしてよくみられる現象です。子どものようにかんしゃくを起こすなど大人でもみられます。モデルになる人物のイメージを自分の中に取り込み，その人になったように思い込みふるまう同一化。アイドル歌手になりきって歌うなどでしょう。言い訳である合理化。知的で論理的な言葉を使って自分の本心や感情をみないようにする知性化。満たされない欲求を他の似たものに替えて満足する置き換えはよくあることですが，もっと強い力をその人がもち合わせていたなら，自分の欲求を社会的に認められる形で表現する昇華へ向かうでしょう。自我がこれらのメカニズムを使いうまく防衛できれば現実に適応できます。うまく防衛できなければ神経症などの症状へ移動します。アンナの場合，エスからの欲求をうまく自我が抑圧できなかったため，身体の症状に置き換えられるということが起こったのです。

7-2-2　精神分析療法のプロセス

　思い出したくない出来事の記憶に向き合うことは容易なことではありません。催眠にうまく導入できない患者（アンナもそうでした）を多く経験したフロイトは次第に意識を保ったまま言葉で自分の頭に浮かんだことすべてを話すという自由連想法（free association method）を用いて精神分析療法を行うようになりました。患者はカウチ（寝椅子）に横になり，自分の後ろにいる分析家に対してすべてを話すことになります。恥ずかしいとか不安になる，苦しいこともです。分析家はどのような話でも中立的な態度をとり極力患者に自分の影響を与えないようにします。症状と関係する内容になると，頭に浮かんでいても話さない，面接に遅刻する，予約を忘れてしまうなどの抵抗（resistance）を示します。また過去の未解決なままもち越された重要な人物との関係（とくに幼児時期の親子関係）が分析家との間に再現され，過去の人物へ向けた気持ちが分析家に向けられる転移（transference）が生じます。このような抵抗や転移が起こった際，分析家はそれに対して解釈（interpretation）を行います。抑圧

図 7-3　分析場面イメージ（長谷川ら，2008 を参考に作成）

していた記憶やその時の気持ちを告げるのです。患者が無意識に起こっている症状の原因を受け止めることを洞察（insight）といいます。無意識に抑圧したものを意識で捉える（意識化する）のです。もちろん真実が受け入れられるまでの過程は時間を要します。分析家が相手の立場に配慮した深い解釈を与えることで，ようやく患者は受け入れがたい自分の心の真実に向き合うことができるのです（この過程を徹底操作，working through といいます）。

　このように，自分の人生を振り返り，新たな視点でみつめ直す心の作業を行うにはかなりの時間と労力を要します。自分の過去を振り返りみつめ直したいという動機が必要です。そのような必要性は感じないが今困っている症状を何とかしたいという人も多くいます。次節では困っている症状をターゲットとし，その客観的なアセスメント，行動分析のもと，適切な技法を選択し治療を行う行動療法について解説します。

7-3　心理療法の技法：行動主義心理学の立場から

　第 11 章にある古典的条件づけ，オペラント条件づけといった学習の理論から行動療法という心理療法が展開しました。ワトソン（Watson, J. B.）は生後 11 ヶ月の幼児に行った恐怖の条件づけを報告しています。

■ 学習理論からみた恐怖症

> 生後 11 ヶ月のアルバート坊やははじめ白ねずみやウサギを怖がっていませんでした。ワトソンらはアルバートに，白ねずみをみせながら後ろで金槌をたたいて大きな音を出し，アルバートをびっくりさせました。これを何回か繰り返すとアルバートは白ネズミを見るだけで泣き出すようになってしまいました。また，ウサギや毛皮のコート，白い髭などに対しても恐怖を持つようになったのです（Watson & Rayner, 1920）。

このような恐怖の条件づけは古典的条件づけの理論で説明できます。大きな音は子どもにとって恐怖を引き起こす無条件刺激（unconditioned stimulus）です。大きな音と対提示された白ねずみは恐怖を引き起こす条件刺激（conditioned stimulus）となり，似たような刺激（毛皮のコート，白い髭）にも恐怖反応が生じる（般化，generalization）ようになったのです。

本来恐怖心をもつ対象ではないものに対して恐れを抱く恐怖症状は，上述の

① 条件づけ以前には，子どもはウサギに対して積極的に行動する。

② 子どもが白ネズミを見ているときに大きな音を鳴らすと，その後は白ネズミを恐れて回避するようになる。

③ 白ネズミだけではなく，ウサギからも遠ざかろうとする。

④ 恐怖反応は，白いもの，毛のあるものに広く般化する。

図 7-4 アルバート坊やの実験

ような不適切な学習によって生じました。このように行動療法では，ある症状の形成を，古典的条件づけやオペラント条件づけなどの学習理論をもとに刺激と反応の関係で捉え解決を図ります。つまり，症状や不適応行動は後から学習されたものであり，適切な学習をすることで消去（extinction），修正されると考えます。

　消去や修正を図る多くの技法がありますが，ここでは宮下・免田（2007）より「犬が怖い大学生のケース」を例にとり解説します（一部抜粋，変更）。

20歳　大学生　A君

　下宿で一人暮らし。同じアパートに内緒で犬を飼っている人がいて，1年ぐらい前に夜に帰ってきたときいきなり，その犬に足を噛まれた。大したケガではなかったが，このことがあって犬を警戒するようになり，そうすると余計犬も神経質になって挑んでくる。その後，犬に出会いそうなところへ行けなくなり，また出会う可能性があると外出できないので，日常生活に支障をきたしてしまった。

　A君の犬に出会う可能性があると外出できない，という状態を予期不安といいます。実際に犬に出会っていなくても，出会いそうと考えると不安になり，その可能性のある場面を避け，日常の行動が制限されます。このケースには，古典的条件づけを応用した行動療法の技法の1つ，ウォルピ（Wolpe, J.）が開発した系統的脱感作療法（systematic desensitization）が適用されました。不安や恐怖を感じると身体がこわばります。まず，筋肉の緊張をとるための方法，筋弛緩法や自律訓練法などのリレクセーションをA君に覚えてもらいます。次に表7-2のような不安階層表（anxiety hierarchy）をセラピストと一緒に作成します。もし，今あなたが○○の場面に出会ったら不安になると思いますか？という質問をして，その場面を想像してもらい，もっとも不安を感じる場面からほとんど感じない場面まで順序付けするのです。そして不安階層表のもっとも不安度の低い状況，Ⅰ場面をイメージしてもらいます。不安に思えれば思い浮かべるのをやめて不安度を評定します。すぐにリラクセーションを行ってもらい，不安度が下がれば次の場面に移ります。同様にして，階層表の

表 7-2　A 君の不安階層表（宮下・免田，2007）

不安度 小→大	不安状況
Ⅰ　10	家の窓から，犬がケンカしているのを見た時
Ⅱ　20	道端で，子犬がこちらを見ている時
Ⅲ　30	電車の中で，側に犬のゲージがある時
Ⅳ　40	大人がペット犬を抱いている側を通る
Ⅴ　50	2〜3人がおしゃべりしていて，それぞれの犬を連れている場面で，一応犬の綱は手に持っている
Ⅵ　60	大人が綱をもって，犬（大型犬）を散歩させている
Ⅶ　70	子どもが綱を持っているが怖そうな犬に出会う
Ⅷ　80	道端で綱につながれている大型犬に出会う
Ⅸ　90	道端で綱も付けていない犬に出会う
Ⅹ　100	たくさんの犬が群れている場所を通る

　最も高い不安項目を穏やかにイメージできるようになるまで続けます。不安に拮抗するものが弛緩だからで，リラックスすると不安反応が抑制される逆制止（reciprocal inhibition）という方法を用いているのです。

　心理療法の最中，現実に犬と遭遇する機会があればできるだけ逃げないでその場にとどまるようにしてもらいます。実際 A 君は治療の途中で，道端で子犬に触れられるようになり，その後犬をかわいいと思えるようになったそうです。このような方法は現代，エクスポージャー療法として発展し，A 君のような単一恐怖症だけでなく，パニック症や強迫症などに対しても用いられています。

7-3-1　認知療法

　ささいな出来事でも気持ちが落ち込みやすく，これで終わりだ，私のせいだ，どうせ何をやってもダメだ，と自責や後悔の念にとらわれやすい人は，自分の考えかたの癖をもっている可能性があります。考えかたの癖を直すとこれまでよりも気持ちよく過ごせるかもしれません。考えかたや捉えかたを認知といいます（詳しくは第 11 章）。認知は人間の知・情・意の知に当たる精神機能です。アメリカの精神科医ベック（Beck, A. T.）は，認知に焦点を当てた心理療法を

開発しました。友人からメールの返信が来ない時，私は嫌われたと思って落ち込んでしまった場合を考えてみましょう。メールの返信がなかった事実（ネガティブな出来事）で気持ちが落ち込むのではなく，友人から嫌われたと捉える（これが認知です）ことから気分の落ち込みが生じるのです。ベックは精神分析の概念から出発しました。そして患者たちがもつゆがんだ自己イメージに着目しました。ジャネットのケースをみてみましょう（Wright et al., 2005；大野訳，2007 を一部改変）。

ジャネットのケース

ジャネットは 36 歳の女性で，最近長年の恋人と別れました。その後，ひどいうつ状態になりました。「あれほど長い間，彼と付き合っていたのはおろかだった」「心底求めている人からは拒絶される」という考えが浮かびました。そして，気持ちが落ち込んで孤独感を感じました。彼女は，仕事以外のほとんどの時間を眠って過ごし，友人つき合いをしなくなり，運動もやめてしまいました。

ジャネットの心に浮かんだ「あれほど長い間，彼と付き合ってきたのはおろかだった」「心底求めている人からは拒絶される」という考えは，自分の意思とは関係なく心に浮かんでくる考えです。これを自動思考（automatic thought）といいます。抑うつ的な人は，ジャネットのような自己批判的な自動思考をもっています。ベックは，うつ状態の人がおちいりやすい主な認知の誤りを表 7-3 の 6 つのカテゴリーに分類しました。

ジャネットにあてはめた場合，恣意的推論や過度の一般化という推論の誤りをおかしているのがわかります。このような自動思考を生み出すもとにはゆがんだ信念や価値観があります。このような信念や価値観を抑うつスキーマといいます（スキーマ，schemata については第 2 章を参照）。抑うつスキーマには「〜すべきである」「いつも〜だ」「〜か〜かのどちらかしかない」などがあります。このような信念は環境の変化に対して柔軟に対応できません。例えば，「他の人をいつも喜ばせられなければ，拒絶される」という信念は，人に気に入られない時「私はダメ人間だ」といった自動思考を生み出します（もちろんすべ

表 7-3　認知の誤り

恣意的推論	根拠もないのに，ネガティブな結論を出す 例）大惨事につながるエレベータ事故の確率を大きく見積もり，階段を使う
選択的注意	明らかなことには目もくれず，ささいなネガティブなことだけを重視する 例）Aさんの友人の一人は誕生日メールを送ってこなかった。「私は友達を失ってしまった」。他の複数の友人がメールを送っていた。
過度の一般化	わずかな経験から広範囲のことを結論付ける 例）テストでB評価を受けた大学生。「人生至るところで失敗することになるだろう。どうせ何をやってもダメだ」
拡大解釈と過小評価	出来事の意味を誇張または軽視して捉える 例）パニック症の女性。私は気を失うだろう，心臓発作ではないか。
個人化	自分には関係のないネガティブな出来事を自分と関係付けて考え，過剰な責任や責めを負う 例）私が煙草をやめるようにいっていれば彼は肺がんにならずに済んだ
完全主義的・二分法的思考	ものごとに白黒つけないと気が済まない 例）上記のAさん。「もう誰も自分に関心をもってくれない」

ての人を喜ばせられるはずがありません）。このような抑うつスキーマは，幼児期のネガティブな体験によって作られ，抑うつになりやすい人の心に潜在しています。ネガティブなライフイベントが起こると抑うつスキーマが強まり，自動思考を生じさせます。つまり，気分の落ち込みはネガティブな出来事それ自体ではなく，その出来事への捉えかた，ゆがんだ認知により落ち込みが起こるのです。3つのコラム思考記録表は，この抑うつスキーマを合理的な考えに修正する際役に立ちます。気持ちが落ち込みやすい人は，表7-4のジャネットの

表 7-4　ジャネットの思考変化の記録
（3つのコラム思考記録表に「合理的な反応」と「結果」を追加）

出来事	自動思考	情動	合理的な反応	結果
長年の恋人と別れた	あれほど長い間，彼と付き合っていたのはおろかだった 心底求めている人からは拒絶される	悲しみ 怒り 孤独	1. 恣意的推論 彼との関係から得たものも多い 2. 過度の一般化 自分を低く見過ぎている	うつ状態から抜け出す方法を探す。週1回友人と外出，週3回以上運動をする目標を立てた

　　　3つのコラム思考記録表

例を参考に考えかたの癖やもっと客観的で合理的な反応を探してみてください。

現在では行動療法と認知療法，両方の技法を取り入れた認知行動療法が行われることが多くなっています。

7-3-2　心理療法の効果評価

行動療法や認知行動療法を行う研究者は，本当にその治療法に効果があるのかを調べる治療効果の測定を重視しています。治療を受けていないグループと実際にある心理療法を行った，治療を受けたグループを比較します。治療を受けていなくても自然に回復する可能性もあるので，心理療法を行った人だけを集めて調査し，効果を論じることはできないのです。スミスとグラス（Smith & Glass, 1977）は客観的，数量的に治療効果を判定するメタアナリシス（meta-analysis）を行いました。治療効果に関する質問を用意し，治療グループと未治療グループの回答を比較したところ，治療を行ったグループの方が未治療グループよりも効果が大きく，心理療法に有効性があることが分かりました。また，シャピロら（Shapiro & Shapiro, 1980）は，治療研究140件を集め，結局どの治療でも効果に差はないことを明らかにしました。治療を受けたグループは治療を受けないグループよりも改善しますが，治療法どうしを比較しても差はなかったのです。理由の1つは，心理療法に共通する要因があるということです。それは，治療に対して理解が深まること，よくなりたいという期待や動機づけ，セラピストとクライエントの人間関係などにあります。

7-4　心理療法の技法：人間性心理学の立場から
7-4-1　ロジャースの自己理論

ロジャース（Rogers, C. R.）は，児童相談所で問題児の治療を行う中で，臨床心理学者としてのアイデンティティをもち，独自の心理療法，クライエント中心療法（Client-Centered Therapy）を作りあげました。ロジャースは，生きづらいと感じているクライエントは何らかの不適応状態にあると考えました。彼の理論（自己理論）を図7-5で説明しましょう。左の円は自分自身についての認識である自己概念（self-concept），右の円は日々の経験をあらわしています。

自分のことを，我慢強く，論理的で，穏やかで，偏見がない人間だと思って

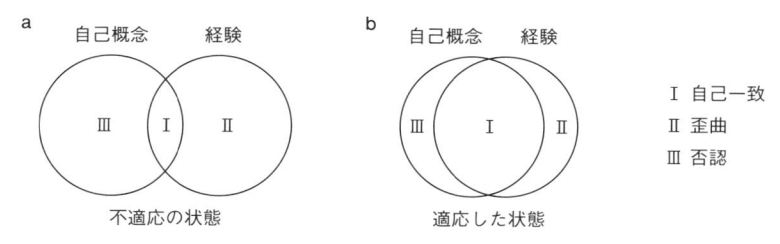

図 7-5　ロジャーズの自己理論

（a：不適応の状態、b：適応した状態、Ⅰ 自己一致、Ⅱ 歪曲、Ⅲ 否認）

いたとしましょう．トラブルがあった時，怒りたい気持ちを我慢して相手に対し冷静にやさしく対応した場合，自己概念と経験が一致します．これがⅠ領域の部分です．一方，同様の時に感情的になって相手を責めたてたとすれば，この経験は自分らしくないので，そのようなことをした自分におびえ不安になります．そこで，自分はそんな人間ではない，相手は傷いていないのでたいしたことではない，と現実をゆがめ（Ⅱ領域の部分），否認して（Ⅲ領域の部分）しまいます．このような経験が続くと，図7-5aのように自己概念と経験の間の不一致の部分が大きくなり不適応状態になります．

　私たちが自己概念を作りあげる時には，重要な他者（子どもにとって親）から認められることを必要とします．子どもは，親の価値観を取り込み内面化していくのです．これは良いがこれは悪いといった承認されるための多くの条件があった人は，硬い自己概念を作ります．このような人は，現実の経験との不一致が多くなるので，不安が生じやすく，自分の判断に自信がもてなくなり，自分に対して低い評価をしてしまうのです．自分に拠り所をもつことができないので，自分の外にある評価基準に合わせようとします．これが自己不一致の状態です．

7-4-2　十分に機能する人間

　クライエントは，心理療法のプロセスの中で，セラピストと共に自分が経験した出来事，これまで受け入れる不安から歪曲や否認されたさまざまな経験をみつめ直します．セラピストはクライエントの語る私的な世界をあたかも自分自身のものであるかのように感じとり，理解します．その時セラピストはクライエントの考えや，感情，態度を良い悪いといった判断なしに肯定的に受け止

めます。セラピストはクライエントの恐れている事柄に判断を下すことなく新鮮かつ恐れをもたない感覚で捉え，捉えたことをクライエントに伝えるのです。このような治療のプロセスから，クライエントは次第に新しい柔軟な視点を獲得していきます。これまでの硬い自己イメージ（自己概念）から解き放たれ，より柔軟な自分を感じるようになります。図 7-5 の a から b へと変化するからです。その際，常にセラピストは見せかけではなく，偽りのない態度を示さなければなりません。このようなセラピストの経験に開かれた態度にから，クライエントも自分の経験を新たな目で感じ受け入れることができるのです。

　柔軟な自己概念をもった人をロジャースは十分に機能する人間と呼びました。現実を捻じ曲げることなく捉え，自分の感覚にもとづいて経験を吟味し，他者とは異なった個性ある自分を受け入れると同時に他者を大切にすることができる人です。自分らしくあることを求め，成長を求める動機，自己実現傾向（self-actualizing tendency）が私たちにはもともと備わっているというのがロジャースの考えなのです。

7-4-3　効果的な心理療法に必要な条件

　クライエントに建設的なパーソナリティの変化が起こるには 3 つの条件が存在するとロジャースは述べています。1 つは，セラピストがあたかもクライエントの目を通したかのように，クライエントの経験した出来事を理解することで，共感的理解（empathic understanding）といいます。その出来事に関するクライエントの考えや感情を良い悪いといった判断なしに肯定的に受け止める，無条件の肯定的配慮（unconditional positive regard）も大切です。また，常にセラピストは見せかけではなく，偽りのない自己一致（self-congruence）した態度をクライエントに示します。

　セラピストがこのような態度を示すことで，クライエントとの間に信頼関係（ラポール rapport といいます）が築きあげられるのです。前述の効果評価の結果でも，セラピストとクライエントの関係が心理療法の重要な要素でした。

　セラピストには，クライエントの語る心の世界に入っていき，それをできる限り正確に捉える共感能力があるかどうかが問われます。それには，自分自身のアイデンティティがしっかり確立されている必要があります。セラピストが自

分を見失ってしまえば，クライエントの信頼できる同伴者になれないからです。

　つらい時一人でも自分のことを理解してくれる人がいれば，どんなに心が安らぐことでしょう。この章では数多くある心理療法の3つの源流をたどり，4つの理論と技法を紹介しました。心理カウンセリング，心理療法とは，心理的な苦しみを抱えた人に対して，対話を通じて，心の不調や症状の改善へ向けて行う専門的なサポートなのです。

学びのポイント

■ **重要語句**

- **心理カウンセリングと心理療法**：日本では，「心理カウンセリング」「心理療法」はほぼ同じ意味で使われています。しかし語源，定義は異なります。「心理カウンセリング」は，もともと職業指導や，進路相談の流れを汲み比較的軽度の心理的問題を扱い，成長支援や予防を目的としても行われます。一方，心理療法は，中重度の心理的問題や精神疾患を扱い，症状の軽減や病的状態からの回復を目的として行われます。
- **クライエント**：前出のクライエント中心療法を導いたロジャースは，心理相談に訪れた人を患者（patient）ではなくクライエント（来談者：client）と呼びました。この言葉には，心理療法において，治療をする人，治療される人という捉えかたではなく，お互いに人間として対等の存在であるという意味が込められています。

1) テキストで解説した心理療法の3つの考え方を理解し，説明できるようになりましょう。精神力動の立場から，次のことを考えてみてください。
　①フロイトが考えた心の構造について，3つの領域とその働きはどのようなものだったでしょうか。
　②主な防衛機制について，テキストで解説したものは，あなたの身近などんな場面でみられるでしょうか。
　③精神分析療法とはどのような心理療法か，面接過程で起こる諸現象も含めて説明してください。

④フロイト以降，精神分析の考え方は多くの研究者に影響を与え，新たな理論の展開や学派の形成につながりました。フロイトと異なる考え方を示した人物とその理論，フロイトの考えを継承する人物とその理論について調べてみましょう。
2）行動療法とは，どのような理論をもとにし，どんな方法で不適応行動の改善を図るのでしょうか。テキストで紹介した以外の方法も調べてみましょう。
3）ロジャースが重要視したセラピストの3条件を確認しましょう。また，何故このようなセラピストの態度が心理カウンセリングの成功につながるのか自己理論をもとに考えてみてください。

文　献

長谷川 寿一・東條 正城・大島 尚・丹野 義彦・廣中 直行（2008）.はじめて出会う心理学 改訂版　有斐閣
久能 徹・末武 康弘・保坂 亨・諸富 祥彦（1997）.ロジャーズを読む　岩崎学術出版社
前田 重治（1994）.続図説精神分析学　誠信書房
宮下 照子・免田 賢（2007）.新行動療法入門　ナカニシヤ出版
長尾 博（2013）.ヴィジュアル精神分析ガイダンス─図解による基本エッセンス　創元社
Shapiro, D. A., & Shapiro, D. (1982). Meta-analysis of comparative therapy outcome studies: A replication and refinement. *Psychological Bulletin, 92*(3), 581-604.
芝 伸太郎（監修）（2008）.フロイト全集2─ヒステリー研究1895─　岩波書店
Smith, M. L., & Glass, G. V. (1977). Meta-analysis of psychotherapy outcome studies. *American Psychologist, 32*, 752-760.
Thorne, B. (1992). *Carl Rogers*. London: Sage.（諸富 祥彦（監訳）（2003）.カール・ロジャーズ　コスモス・ライブラリー）
Timothy, A. S. (2012). *The clinician's guide to exposure therapies for anxiety spectrum disorders: Integrating techniques and applications from CBT, DBT, and ACT.* New Harbinger.（坂井 誠・首藤 祐介・山本 竜也（監訳）（2015）.セラピストのためのエクスポージャー療法ガイドブック─その実践とCBT，DBT，ACTへの統合　創元社）
Watson, J. B. & Rayner, R. (1920). Conditioned emotional reactions. *Journal of Experimental Psychology, 3*, 1-14.
Wolpe, J. (1969). *The practice of behavior therapy.*（内山 喜久雄（監訳）（1972）.行動療法の実際　黎明書房）
Wright, J. H., Basco, M. R., & Thase, M. E. (2006). *Learning cognitive-behavior therapy.* American Psychiatric Publishing.（大野 裕（訳）（2007）.認知行動療法トレーニングブック　医学書院）

第8章　犯罪と非行

8-1　犯罪のはじまり

「犯罪」という言葉は，私たちの日常生活では新聞やテレビなどでしばしば目にする言葉です。しかし，犯罪についてじっくり考えてみようとすると，さまざまな視点があることに気が付くでしょう。例えば，何が原因となって人は犯罪をするのだろうか，犯罪をする人としない人の違いはなんだろうか，犯罪者を更生させるにはどうしたらよいだろうか，そもそも犯罪とは何なのだろうか。犯罪心理学は，こういった問いに，科学的に，どのように答えることができるのかを考えていく学問領域です。

犯罪そのものはおそらく人類がこの世界に誕生してから存在していたと考えられます。そのため，古くから社会の中で対処していかなければならない行為として，考察の対象になってきました。犯罪に対処するための法が示されたものとしては，紀元前1700年頃にはハムラビ法典があったことが知られていますし，古代ギリシアの哲学者が犯罪防止の思想を議論していたことも伝えられています。

8-1-1　古典学派の犯罪学

近代の犯罪理論に結びつく近代的な犯罪理論が発展してくるのは，18世紀中葉のヨーロッパになります。それまで中世のヨーロッパでは封建制のもとで教会や領主が犯罪者に対して，公平性を欠く取り扱いをしたり，残虐な刑罰を行ったりしていました。それが，18世紀になって啓蒙思想が伸長するようになって，当時の社会哲学者たちの間で犯罪に対する刑罰の人道的，合理的な運用をしなければならないというような議論が生まれてきました。これを古典学派の犯罪学と呼びます。代表的な学者に，イタリア人のベッカーリア（Beccaria,

C. B.) がいます。ベッカーリアは，1764年に「犯罪と刑罰」を著し，権力者が身勝手に刑罰を与えることに反対し，あらかじめ明確に法で犯罪の構成要件を定め，それに該当した行為のみが刑罰の対象としなければならないと主張しました（罪刑法定主義）。また，いたずらに厳しい刑罰を科すのではなく，犯罪の重さに応じて刑罰の重さを決めるべきであるとも主張しました（犯罪と刑罰の均衡）。古典学派の考え方では，犯罪行動から得られる快楽が，罰による苦痛を上回った時に人は犯罪を起こすとされます。そして，人々は犯罪行動を選択するか，合法的な行動を選択するかについて自由意思をもっているので，犯罪に応じた刑罰を設定することで犯罪行動を抑止できるとしました。こうした考え方は，今日，犯罪の重大さに釣り合った重さの刑罰を科すという裁判官の量刑判断に直接的な影響を与えています。さて皆さんは犯罪に対する刑罰を重くすればするほど，犯罪が減ると思いますか，少し考えてみてください。

ベッカーリア
(1738-1794)

8-1-2 実証主義的犯罪学

19世紀になると科学的，実証的な方法論を用いた自然科学が発展していきます。犯罪研究においても実証主義的犯罪学と呼ばれる科学的な方法で犯罪の解明を行う試みが始められるようになりました。有名な犯罪研究者にロンブローゾ（Lombroso, C.）がいます。ロンブローゾは多数の犯罪者について容貌や身体的特徴，精神的特徴，頭蓋骨について調査を行い，犯罪者には固有の特徴があると主張し，そうした特徴を有する者を生来性犯罪者と呼びました。生来性犯罪者は未開で野蛮であった時代の人類に先祖返りを起こしており，宿命的に犯罪者になるとされます。もちろん，こうしたロンブローゾの主張は，今日では到底受け入れられるものではありませんが，犯罪に結びつく生物学的な性質があるのではないかといった視点は現在も議論の対象となっています。また，実証的な測定によって犯罪を解明し

ロンブローゾ
(1835-1909)

ようとしたアプローチが犯罪研究に与えた影響は大きなものがあり，今日，ロンブローゾは犯罪学の父と呼ばれています。

8-2 犯罪の原因を説明する

　人はなぜ犯罪をするのでしょうか。これは犯罪についての大変素朴な疑問ですが，答えることは簡単ではありません。残念ながら現在のところ，すべての犯罪を統一して説明できるような犯罪理論はありません。犯罪という複雑な対象に対して，ある視点から焦点を当てたり，切り口を変えたり，捉え方となる枠組みを構築したりすることで，説明を試みようとする犯罪理論が現在でも次々と提案されている状態にあります。ここでは，犯罪理論において代表的な2つの考え方である緊張理論とコントロール理論をとりあげて説明することにします。

8-2-1 緊張理論

　ストレスや緊張状態を経験することが結果として犯罪や非行を生じるとするのが緊張理論の考え方です（Agnew, 2009）。緊張理論は，次に説明するコントロール理論と対比して性善説になぞらえて解説されることがあります。人はもともと犯罪をしない善人ですが，何らかの緊張状態のせいで犯罪に押し出されるというものです。

　緊張理論は，マートン（Merton, 1957）によるアノミー論によって始められました。マートンのアノミー論では，社会には人々が共通に追い求める文化的

図 8-1　緊張理論

マートン
(1910-2003)

目標があるとされます．文化的目標には金銭，社会的な地位，名誉といったものが挙げられます．人々はこうした文化的目標を達成するために努力を続けているのですが，文化的目標を達成しようとしても，それを実現するための制度化された手段が十分に得られない場合があります．貧困層に生まれ，金銭的，物質的に恵まれず，高等教育を受ける機会がなく，富や社会的地位を獲得していくことが本人自身のせいではなく，困難を生じるような場合を考えてみましょう．社会全体にこうした状態が広まることをマートンはアノミーと呼びました．このような状態では，社会的な緊張が高まり，非合法な方法で富を得ようとして犯罪，非行が発生することになります．例えば社会的に成功し，富を築くことが困難なことから暴力団に加入して，反社会的な組織の中で地位や名誉，富を得ようとする犯罪者も少なくないのです．

8-2-2 コントロール理論

　緊張理論では人々を犯罪へと追いやるような要因を考えました．そこでは，なぜ人は犯罪に走るのかという問いの立て方をします．一方，コントロール理論では，なぜ人が犯罪に走るかは説明する必要がないと考えます．なぜならば，逸脱行動は楽しく，刺激的で欲求充足的であるので，人間にとって魅力的なものだからです．よって，真に問題とすべきなのはなぜ人は犯罪に走らないかを説明することだというわけです（Kubrin et al., 2009）．先ほど，緊張理論を性善説に喩えましたが，コントロール理論は性悪説になぞらえることができます．人はもともと犯罪をする存在ということです．コントロール理論を提唱したのはハーシーです．ハーシー（Hirschi, 1969）は，人が犯罪に走らないようつなぎ止める要因として，①愛着，②コミットメント，③巻き込み，④規範観念という4つの社会的絆を考えました．

　1つ目の絆である愛着とは，家族や友人，学校集団，職場集団に対する情緒的なつながりのことを指します．人は自分にとって大切な人々に対する愛情・尊敬の念などの他者への絆があれば，そうした人々に迷惑をかけたくないとい

8-2 犯罪の原因を説明する　99

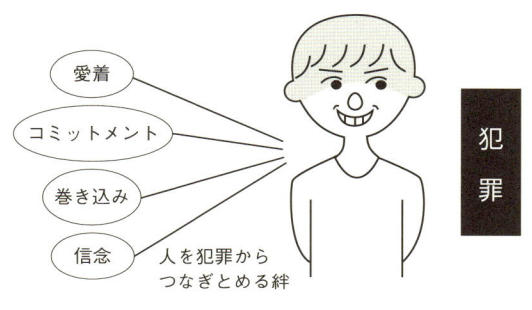

愛着
コミットメント
巻き込み
信念
人を犯罪から
つなぎとめる絆
犯罪

図 8-2　コントロール理論

う気持ちが生じ，犯罪行動が抑制されるというわけです。

　次に，2つ目の絆であるコミットメントですが，これは投資（インベスティメント）とも呼ばれます。人は犯罪に及ぶことで，これまでに築きあげてきた，その人にとって価値のあるものを失うことになります。その時，犯罪をすることによって得られるものと，失うものを比較衡量することで，犯罪に及ぶことからその者をつなぎ止めるという絆がコミットメントになります。勉強を頑張り，大学に進学し，いわゆる大企業に勤めたサラリーマンが，わずか1個のパンを盗んで職を失うことは割に合うことではないでしょう。それまでの自分がしてきた投資に対して犯罪で得ることのできる利益は見合わないわけです。

　3つ目の絆である巻き込みは，普段，生活の大半を合法的な活動に関わっているので，犯罪，非行をする機会を作ったり，時間をもったりすることができにくいというものになります。人は通常，社会の中で慣習化した役割をもっており，人はそうした役割に組み込まれていますが，その役割に従事していることで忙しく，悪いことをする機会も少ないだろうということです（麦島, 1990）。

　最後の絆である規範観念は，規範に対して疑問を持たない態度や規範への信頼感を意味するものです。人々の中には社会のルールに従わなければならないという信念が存在しており，そうした意識が犯罪に走ることから人をつなぎ止めるというわけです。コントロール理論における絆はボンドもしくは紐帯とも呼ばれ，この理論はボンド理論とも呼ばれています。人を犯罪からつなぎ止める絆という考え方は，現在の犯罪研究においても重要な考え方となっています。

8-3 犯罪とは何か

犯罪を学術的に研究するためには，この「犯罪」というものを明確に定義しないといけません。そうして定義された犯罪について，資料を集め，分析し，実証的な検討を行うことで，犯罪についての知識を積み重ねていくことになります。

8-3-1 犯罪と構成概念

犯罪とはなんだろうか。改めて問われると，どう答えればよいか簡単には答えられないことに気が付きます。実は犯罪とは何かという問いには簡単に答えることができないのです。犯罪はリンゴや自動車のように具体的な形をもちません。目にはみえないし，手にもって，これが犯罪だ，と指し示すこともできません。少し難しい言葉になりますが，犯罪は構成概念と呼ばれるものになります。構成概念とは，その存在を仮定することによって複雑に混み入った現象を比較的単純に理解することを目的として構成した概念のことをいいます（豊田, 1998）。心理学では，具体的な存在をもたない人の心を研究対象とすることから，頻繁にこの構成概念が使用されています。例えば，「気分」「知能」「攻撃性」「知名度」「疲労感」といったものがそうです。実体があれば物差しで大きさを測ったり，秤で重さを測ったりしてその性質や特徴を調べればよいのですが，構成概念は実体をもちませんから，まずきちんと定義をして，その存在を作り出すといことで，はじめて取り扱いができるようになるのです。

8-3-2 刑法による定義

「犯罪」には，リンゴや自動車のように具体的な形，実態がありません。人々の日々の営みの中から，ある一連の行為を切り取って，それに対して犯罪というラベルを貼り付けたものが，私たちの社会で犯罪と呼ばれるものになります。それでは，どういったことをすれば，その行為が犯罪に該当するのでしょうか。我が国では，刑法と呼ばれる法律に犯罪に該当する行為の内容が示されています。例えば，刑法第235条には，「他人の財物を窃取した者は，窃盗の罪とし，十年以下の懲役又は五十万円以下の罰金に処する」といった記載があり，誰かの所有物を盗むことが窃盗という犯罪になることが決められています。このよ

うに，どういったことが犯罪にあたるのか，について共通認識として取り決められた枠組みのことを構成要件といいます。

さらに，我が国の法律では，犯罪が満たすべき条件として，こうした構成要件に該当することの他に，違法性という条件を満たしていることが必要になります。例えば，誰かに襲われて反撃して相手にケガを負わせるといった，いわゆる正当防衛の場合には違法性が認められないことになり，犯罪にはなりません。また，有責性という条件を満たすことも必要となります。例えば，精神障害などが原因で自分の行動を十分にコントロールできない状態で行われた行為について，裁判で責任能力がないと認定されれば犯罪にはならないのです。このように我が国の刑法では，構成要件該当性，違法性，有責性という3つの条件に当てはまることが犯罪を定義する要件になっています。これらの条件を満たしているかどうか，その人の行った行為が犯罪であるかどうかは，法律に従って裁判官が判断することになります。

8-3-3 一般的な犯罪の定義

先に説明した犯罪の定義は，あくまで我が国の法律に則った犯罪の定義になります。したがって，国が違い，法律が違えば，犯罪の定義は異なることになります。また，個別の事件について裁判所において有罪判決が確定したものだけが犯罪ということになります。このような犯罪の定義は厳密ではあるのですが，犯罪を研究していく上で，もっと一般的で，包括的な定義があった方が，理解がしやすく，思想や時代，国境を超えて共通認識を持つことができて便利な場合もあります。こうしたことから，厳密な法律の手続きとは別に犯罪を定義するやり方が提案されています。

例えば，19世紀に活躍したデュルケム（Durkheim, É）は著書の社会分業論において，集団の中で大勢の人が常識だと思っていること（集合意識）を壊そうとする行為が犯罪である，と定義しました。そして，私たちは，ある行為が犯罪であるからそれを非難するのではなく，私たちがその行為を非難するから犯罪なの

デュルケム
(1858-1917)

であるとしました。

　ハーシーとゴットフレッドソン（Hirschi & Gottfredson, 1990）は，犯罪の基礎理論（General theory of crime）という理論を構築し，その中で，犯罪を「自分の利己的な欲求を追求するために，暴力やその他の不正な手段を使用する行為」と定義しました。そして，犯罪行為の性質として，安易で単純な欲求充足を図ること，刺激的で危険やスリルに満ちたものであること，目先の欲求充足が重要視されて本人に長期的な利益をもたらさない，といった性質を指摘しています。

　ここにあげたのは幾つもある定義の例となります。犯罪の定義は，犯罪理論の数だけ幾つも存在しており，すべての定義について述べることはできませんが，最後にシーゲル（Siegel, 2008）による定義を紹介しておきます。この定義は，複数の犯罪理論をうまく統合したものになっています。

　「犯罪とは，犯罪法によって解釈され，表現される社会規範に反する行動である。その社会規範を規定する犯罪法は，世論であったり，伝統的な価値観であったり，その時点で社会的，政治的な権力を有する人々の意見といったものを反映している。社会規範に反する行為に及んだ者は，国家権力によって制裁を受け，犯罪者であるという社会的烙印を捺され，社会的地位を喪失することになる」。

8-4　サイコパス

　犯罪者というわけではなくても，世の中にはいろいろな人間がいます。身近な知り合い同士でも「あの人ちょっと変わってますね」「なんか考え方が独特ですよね」といった話をすることも少なくないでしょう。ただ，そうはいっても大抵の場合は，そういう個性だから，人それぞれだからなどということにして，概ねは了解していることでしょう。ところが，あまりにも私たちの感覚や常識からかけ離れていると思われる態度や行動をとる人が世の中にはしばしばいるものです。残忍で凶悪な犯罪が起こった時に，「これは人間のすることとは思えない」「本当に私たちと同じ人間なのだろうか」といった感想を抱くことがあると思います。

8-4-1　サイコパスの臨床像

　サイコパスは日本語では精神病質という訳語が当てられています。現在，この言葉は普通の人と心理学的，対人的，神経生理学的に区別される特徴をもつ明らかなグループに識別される人のことを説明するのに使われています（Bartol & Bartol, 2005）。凶悪犯罪を起こした犯罪者について，私たちが通常の感覚でその犯罪者の動機や行動を理解しようとするよりは，私たちとは異質の感覚や性質をもった者の行為である，と考えた方が理解しやすいというわけです。典型的なサイコパスは，社交的で人を惹きつける魅力があり知的能力も高いが，衝動的で自身の欲求を充足することのみに大きな関心があり，無責任で他者への共感性や感受性が欠如しており，平気で他人を自身の利益のために操ろうとする，といった性質を有しています。サイコパス概念の歴史は古く，シュナイダー（Schneider, 1949）はサイコパスを人格の異常性のために自分自身または社会が悩むような人格と規定し，発揚情性型，抑うつ型，自己不確実型，狂信型，自己顕示欲型，気分異変型，爆発型，情性欠如型，意思欠如型，無気力型といった10類型を示しました。

8-4-2　現代のサイコパス概念

　現代的なサイコパス概念はヘア（Hare, 2003）によるものが代表的です。ヘアは人のサイコパス傾向をアセスメントするために，PCL-R（Psychopathy Checklist-Revised）という半構造化面接を開発しました。PCL-Rでとりあげられたサイコパス特性としては，表面的な魅力，誇大化した自己価値観，刺激を求めること，病的なまでに嘘をつくこと，人を操ること，罪悪感の欠如，浅薄な感情，共感性の欠如，不特定多数との性交渉，衝動的なこと，無責任なことなどがあげられています。

　もう1つ，サイコパス概念を引き継いだ類型として著名なものは，反社会性パーソナリティ障害です。これは，アメリカ精神医学会による精神疾患の分類と診断の手引（DSM-5）に診断基準が示されています（表8-1）。

8-4-3　共感性の欠如

　強盗などで7人を殺害して死刑判決を受けた勝田清孝は自身の手記で，以下

表 8-1　反社会性パーソナリティ障害の診断基準（DSM-5）の一部
（American Psychiatric Association, 2013 髙橋・大野監訳 2014 より一部抜粋）

A. 他人の権利を無視し侵害する広範な様式で，15 歳以降起こっており，以下のうち 3 つ（またはそれ以上）によって示される。
　(1) 法にかなった行動という点で社会的規範に適合しないこと。これは逮捕の原因になる行為を繰り返し行なうことで示される。
　(2) 虚偽性。これは繰り返し嘘をつくこと，偽名を使うこと，または自分の利益や快楽のために人をだますことによって示される。
　(3) 衝動性，または将来の計画を立てられないこと
　　　⋮
　(7) 良心の呵責の欠如。これは他人を傷つけたり，いじめたり，または他人の物を盗んだりしたことに無関心であったり，それを正当化したりすることによって示される。
B. その人は少なくとも 18 歳以上である。
　　⋮

のような内容を語っています。

　自分は小心者なので，強盗はなかなかできません。だからナイフ，包丁，ナタといった脅す道具が必要になりますが，それでもし抵抗されたら，また人の命を奪ってしまうことになりかねません。それで，絶対に相手が抵抗しないような武器がないものかと探していたのです。相手が抵抗しなければ殺さずにすむからです。それで猟銃を使った強盗というものを思いつきました。人を殺さないで金だけを奪える方法はないかと考えた末に猟銃強盗しました。そして，強盗に入った先の職員を射殺してしまったのです。

　これを読んで皆さんはどう思われますか。注目して欲しいのは，自分は小心者なので強盗ができない，だから強盗をするには武器が必要だ，抵抗されると殺してしまいかねないので相手が抵抗しないような強力な武器がほしい，それで猟銃を使った，という論理の展開です。ここだけを見ると，理屈としては合っていないわけではないのですが，普通の人間はこういったことは考えないでしょう。さらに，人を殺さないためにもちだした猟銃で，最終的には殺害しています。理屈そのものはある程度筋道が通っていても，社会常識という観点か

らみて全体の話は全く許容できないものになっています。これは共感性というものが欠落していることによって起こっていると考えられます。

8-4-4　サイコパスの社会適応

注意しなければならないのは，サイコパス特性と犯罪行動とは関わりが深いのですが，すべての犯罪者がサイコパスであるということではないことです。一般的な人間の心の動きの範囲内である程度のことは理解できる犯罪者の方が多いということです。また，サイコパス特性を有する人のすべてが犯罪に走るわけではありません。むしろ，犯罪をして捕まってくるようなサイコパスは，サイコパスとしては能力が低いといえるでしょう。さらに能力が高いサイコパスの中には，社会の中で成功をおさめ，高い社会・経済的地位を得ているものがいたりします。ヘアは，こうした一般社会で適応的に社会生活を送っているサイコパスを「スーツを着た蛇」と呼んでいます。こうしたサイコパスに，例えば職場や学校などで身近で接することになると，困惑したり，迷惑を被ったりすることが極めて多くなることが予想されます。

8-5　犯罪者の価値観

犯罪を繰り返し行うようになると，次第にその犯罪者は一般の人々との付き合いがほとんどなくなっていきます。身近にいるのは自分と同じような犯罪者ばかりになっていきます。そういった生活を長く続けるようになると，犯罪をすることへの抵抗感が小さいものとなっていきます。こうした過程は非行的文化への感染と呼ばれます（水島, 1971）。反社会的な価値観や態度が人格に形成されていくのです。

8-5-1　規範意識の低下

罪の意識が希薄になってくると，次第に日常的な感覚で犯罪をするようになってしまうことがあります。いわゆる不良少年と呼ばれるような人たちは，もし自分の悪口を後輩からいわれた時には，殴って懲らしめることを特段の疑問もなく，当たり前のようにするようになることがあります。もちろん，人を殴ってケガを負わせることは立派な犯罪行為なのですが，自分もまわりにいる

友達も，場合によっては被害を受けた後輩でさえも，そういうものだと理解し，納得してしまうことさえあります。何が規範的な行為で，何が犯罪的行為であるかを判断する感覚が麻痺してくるのです。

また，盗みばかり繰り返していると，窃盗をすることが日常的になってしまうことがあります。「お腹がすいたな。そういえば今日は朝から何も食べてないから，そこのスーパーで何か食べ物でも万引きしようか」「そういえば，彼女の誕生日がもうすぐだな。デパートで何か良いものがあれば盗んで帰ろうかな」といったことを何の気なしに実行する人たちもいます。どこかお店に入った時には，「ここは盗めそうなお店だな」といったことを普通に考えるようになることもあります。

8-5-1　文化的感染

こうした規範に対する感覚の麻痺や犯罪的な行為への親和性は，先の述べたサイコパスのような資質面に偏りの著しい人間だけに形成されるのでしょうか。実はそういうわけではなく，こうしたことは一般の人々にも容易に起こりうるものなのです。例えば，江戸時代以前には自分の親を殺した相手を殺すことは敵討ち，仇討ちなどといって社会的に認められた行為でした。現代の日本で実施したら殺人という犯罪に該当してしまうのですが，当時の人たちは，犯罪行為が行われているとは思わなかったでしょう。

安倍（1978）は，不良グループや暴力団などの社会的にマイナスの価値基準に適応して犯罪を行うようになった犯罪者のことを反社会化過程適応型と呼びました。時代や文化によって価値観はさまざまに異なり，その中で適応を図る中で人はその価値観にごく自然に馴染んでいきます。それと同様に，犯罪を日常的に行っているような人間関係の中で生活することで，犯罪者的な態度や価値観を自分の中に取り入れていくことになるのです。

■ ケースを読んで考えてみましょう。

　Sさんが暴力団に入ったのは18歳の時です。当時，Sさんが総長をしていた暴走族の後ろ盾となっていた暴力団の組員からスカウトされたことがきっかけでした。

Sさんは自身の家庭について「良い思い出は何ひとつなかった」と語ります。父親は長距離トラックの運転手だったそうですが，家庭に生活費を入れることはほとんどなく，お酒や競馬で浪費していたそうです。家に帰ってくることも少なかったそうですが，家にいる時には，酒に酔っては母親と自分に暴力を振るっていたとのことです。

　Sさんは，小学生の頃は体が弱く，病気がちで学校を休むことも多かったといいますが，中学校に入ると，学校の窓ガラスを割ったり，先生に暴力を振るったりするようになりました。そのうち学校には行かなくなり，地域の自分と同じような境遇にある不良仲間と万引きをしたり，バイクを盗んで暴走行為をしたり，シンナーを吸引したりといったことを繰り返すようになりました。

　中学校を卒業した後は，高校には進学せず，建設現場で肉体労働をして働くようになりましたが，賃金は安く，仕事も不定期にしか入らなかったといいます。職場の人とトラブルになって暴力を振るったりして解雇されたりもし，職を転々としました。日々の生活は楽しいものではなかったといいます。地元の友達と暴走族を結成して，夜の繁華街でバイクを運転して「怖い者なし」に振る舞うことがとても楽しかったと語ります。暴走族の総長になってからは，地元にいる不良も自分を恐れるようになり，暴力団の組長から目をかけてもらったりして，自信をつけたとも述べています。

　暴力団員になってからは，Sさんは，ある都市部の繁華街一帯を「自分の縄張り」にしていたといいます。お金に困っている人に高い利子をつけてお金を貸したり，地域の飲食店から「用心棒代」を徴収したり，覚せい剤の売人の元締めをしたりして，得たお金を暴力団に上納金として納めることがSさんの仕事でした。お金をたくさん稼いで，暴力団にたくさんお金を納めると，組の人たちから一目置かれ，認めてもらえるので，一生懸命

に活動していたといいます。用心棒代を払ってくれたお店のためには，自分は体を張って尽くしたともいいます。「世のため，人のため，地域の人から必要とされ，信用されてこそのヤクザです」と当時の思い出を嬉しそうに語ります。

　Sさんが刑務所に入ったのは30代半ばの時でした。自分の所属している暴力団と対立関係にあった組の人間が，自分の縄張りで覚せい剤を売るようになったそうです。このまま自分の縄張りで勝手なことをされるのを放置していては，自分の入っている暴力団の人たちから使えない奴と思われてしまいます。そして，自分が「面倒をみていた」地域の人たちからも信用を失ってしまう，そう考えたSさんは，自宅に隠してあった拳銃をもちだして，「自分の縄張りを荒らした」組員を殺害しました。判決は懲役20年でした。裁判の時にSさんが殺害した被害者には奥さんと，小さな子どもがいることを知ったといいます。刑務所の中では教誨師の住職さんに勧められて，写経を始めたそうです。刑務所を出所する頃には，Sさんは50歳を超えているでしょう。刑務所を出所してもSさんは，もう暴力団に戻るつもりはないといいます。

（ケースは架空のものです）

- Sさんは，どうして犯罪をするようになったのでしょうか？　アノミーやコントロール理論の観点から考えてみましょう
- Sさんはサイコパスでしょうか？
- Sさんの規範に対する意識や感覚は，一般の人々と異なっていると思いますか？　もし異なっているとしたら，どうしてそうなったのか考えてみましょう。

参考図書紹介

安香 宏（2008）．犯罪心理学への招待―犯罪・非行を通して人間を考える　サイエンス社
瀬川 晃（1998）．犯罪学　成文堂

学びのポイント

1) 犯罪を学問的に研究するとはどういうことかを理解しましょう。
2) そもそも犯罪とは何なのだろう，といった根本的なことに目を向けて考えてみましょう。
3) 人はなぜ犯罪に走るのでしょうか？ 犯罪者とそうでない人の違いはどこにあるのでしょうか？

文 献

安倍 淳吉（1978）．犯罪の社会心理学　新曜社

Agnew, R. (2009). *Juvenile delinquency causes and control* (3rd ed.). New York: Oxford University Press.

American Psychiatric Association (2013). *Desk reference to the diagnostic criteria from DSM-5*. Arlington: American Psychiatric Association.（髙橋 三郎・大野 裕（監訳）染矢 俊幸・神庭 重信・尾崎 紀夫・三村 將・村井 俊哉（2014）．DSM-5：精神疾患の分類と診断の手引　医学書院）

Bartol, C. R., & Bartol, A. M. (2005). *Criminal behavior: A psychosocial approach* (7th ed.). Prentice Hall: Pearson Educaion.（羽生 和紀（監訳）　横井 幸久・田口真二（編訳）（2006）．犯罪心理学―行動科学のアプローチ　北大路書房）

Beccaria, C. B. (1764). *Dei delitti e delle pene*.（風早 八十二・五十嵐 二葉（訳）（1938）．犯罪と刑罰　岩波書店）

Durkheim, É. (1893). *De la division du travail social*.（井伊 玄太郎（訳）（1989）．社会分業論　講談社）

Hare, R. D. (2003). *Hare Psychopathy Checklist-Revised (PCL-R) rating booklet* (2nd ed.). Multi-Health Systems.（西村 由貴（訳）（2004）．Hare PCL-R 日本語版評定用解説書：第2版　金子書房）

Hirschi, T. (1969). *Causes of delinquency*. Berkeley, CA: University of California Press.（森田 洋司・清水 新二（監訳）（1995）．非行の原因　文化書房博文社）

Hirschi, T., & Gottfredson, M. (1990). *A general theory of crime*. Stanford, CA: Stanford University Press.（松本 忠久（訳）（1996）．犯罪の基礎理論　文憲堂）

Kubrin, C. E., Stucky, T. D., & Krohn, M. D. (2009). *Researching theories of crime and deviance*. New York: Oxford University Press.

Merton, R. K. (1957). *Social theory and social strucure*. The Free Press Kituse.（森 東吾・森 好夫・金沢 実・中島 竜太郎（訳）（1961）．社会理論と社会構造　みすず書房）

水島 恵一（1971）．非行臨床心理学　増補　新書館

麦島 文夫（1990）．非行の原因　東京大学出版会
Schneider, K. (1949). *Die psychopathischen Persönlichkeiten* (9th ed.). Wien: Deuticke.
　　（懸田 克躬・鰭崎 敏（訳）(1954). 精神病質人格　みすず書房）
Siegel, L. J. (2008). *Criminology the core* (3rd ed.). Belmont, CA: Thomson Wadsworth.
豊田 秀樹（1998）．調査法講義　朝倉書店

第9章　コミュニティ心理学

9-1　コミュニティ心理学とは

　コミュニティ心理学（Community Psychology）は，「臨床心理学的地域援助」ともいわれ，臨床心理面接（カウンセリングなど），臨床心理査定（心理検査）と並んで臨床心理学の主要な3つの柱の1つに位置づけられています。

　3つの柱のうち，臨床心理面接や臨床心理査定は各々古い歴史をもっていますが，コミュニティ心理学は比較的新しい発展途上の心理学ともいわれています。また，その基本理念や方法は，従来の伝統的な心理臨床の方法とは幾分異なったものであるともいわれています。これは，コミュニティ心理学が誕生し発展してきた経緯と深く関係しています。

　1963年，当時アメリカ大統領であったジョン・F・ケネディが「精神障害者と知的障害者に対する教書」を発表し，その直後に「地域精神衛生センター法」が成立しました。これはそれまで地域社会から離れた場所に建てられていた精神病院の中で（入院して）行われていた精神医学的援助を，地域社会の真中にある総合病院等に新たに附設されることになった地域精神衛生センターで（外来で）行うようにするというものでした。この法の施行により，長年精神病院に入院していた人が速やかに退院して，通院治療を続けながら地域で生活することを国の政策として進めることになりました。長期入院患者が地域で新たに生活するためには，住む所（家）や生活の糧（仕事，収入）に対する支援も必要です。時には近隣とのトラブルに巻き込まれる可能性もあります。そこでは，病院などの施設内で治療や支援をするという従来の枠組を超えた，支援を必要としている人が生活している場（コミュニティ）に打って出る新たな理念や支援方法の開拓が必要となりました。そのような中で当時の心理臨床の専門家による試行錯誤が続けられ，1967年には米国心理学会に新たにコミュニティ

心理学部会（Division of Commumity Psychology）が作られることになりました。その後コミュニティ心理学の方法は，アメリカ社会が抱えるさまざまな課題（犯罪防止など）の領域にまで広がっていき，臨床心理学の3本柱の1つといわれるようになりました。

一方日本では，安藤（1979）らによって比較的早い時期にコミュニティ心理学が紹介されていますが，伝統的心理臨床（個室で個人を対象とした来談者援助）がまだ根強く，「右手にロールシャッハテスト，左手にカウンセリングというパターンから抜け出そうとしていない」（山本，1986）という指摘もあります。しかし，近年日本社会で深刻化している自殺や児童虐待の防止，高齢者介護や障害者の地域生活支援，スクールカウンセリングなどの実践現場では，コミュニティ心理学の基本理念や方法が確実に浸透し実績もあげています。

9-2 コミュニティ心理学の基本理念

従来の伝統的心理臨床では，個別面接などを通して個人のパーソナリティや心の動きに留意してきましたが，コミュニティ心理学ではそれらに加えて，個人とその個人をとりまく社会関係（人と人，人と集団，人と組織など）に注目します。また個人とその社会関係に介入することで，直接・間接に状況の変化を起こすことを目標にしています。そのため，以下のような基本理念を特徴としています。

9-2-1 人の全体をみる，そして健康的な側面をより重視する

心理検査は個人を理解するうえで重要な情報を提供してくれます。しかしそれは個人の一部，又はある一時の状態を投影したものにすぎません。人は本人でさえも完全には分からない複雑な側面を多くもっています。相手や場面によってイメージが変わることも度々あります。そのことを充分に理解したうえで，矛盾したところも含めてありのままを柔軟に受け止めていく姿勢が求められます。

また課題を抱えた人をみる際に，問題点が先にみえてくる場合が多いですが，課題を解決するためには，むしろ健康的な面（良い面）の掘り起こしが重要となります。これは，限られた期間に競争に打ち勝つ力を高めなければならない

スポーツ選手の強化指導の視点と似ています。コミュニティ心理学の方法の1つである「エンパワメント」も同様の視点に立ちます。

9-2-2　人を社会関係の中で捉える

多くの人は，家族（もっとも身近な最小単位のコミュニティ），学校，職場，地域社会などのコミュニティのメンバーであり，その中で生活しています。人が抱える課題の多くは，これらコミュニティ内の社会関係の不調和が絡んでいます。逆に個人が関わっている社会関係の一部が変化することで，それまでの課題が改善されることもあります。

個人の努力だけでは解決できないような課題も社会関係を動かすことで，例えばコミュニティ内の人的資源（専門家やボランティアなど）や社会資源（医療・福祉の専門機関や施設，法制度など）を積極的に活用することで解決できることもあります。コミュニティ心理学の方法の1つである「危機介入」もそのような場合の1つです。

9-2-3　予防の重視

保健医療の領域では，病気になる前に予防を図るという方法は早くから取り組まれてきました。その成果として，人類は数多くの感染症（ペストや天然痘など）を克服してきました。

精神医療や心理臨床の領域でも，問題が発生してからその解決に苦慮するよりも，問題が起きないように予防対策に力を入れる方が良いということは理解されていました。しかし感染症における病原菌やウィルスのように，予防対策の標的がはっきりあるわけではないので，具体的な方法がみえないまま従来からの個別的対症療法を続けてきました。この状況は現在でも続いていますが，一方で1960年代のアメリカで始まった地域精神医療の取り組みの中から，未然に問題の発生を予測し，その対策を講ずるための方法について多くの示唆が与えられました。それらを司法や教育，福祉の領域まで広げていくうちに，一定の体系化された方法論が形作られてきました。コミュニティ心理学の方法にある「予防的介入」や「サポート・ネットワーキング」がその一部です。

9-2-4　非専門家との協働

　クリニックやオフィスの相談室で行われる心理面接では，援助を必要としている人に専門家が直接カウンセリングなどを行いますが，それは来談を前提としています。ひきこもりや家庭の奥で起きている虐待など，当事者が来談できない状況の時には，来談を待つだけでは専門家の役割が機能しません。

　そのような場合，時には専門家が直接相手の生活の中に入って行くことも必要となってきます。しかし専門家が常に援助対象者と生活を共にすることは実際には不可能です。そこで，援助が必要な人の身近な存在で，生活を共にしている協力者が必要となってきます。このような協力者の多くは心理臨床の非専門家ですが，問題解決の重要なパートナー（協働者）です。コミュニティ心理学の方法の1つである「コンサルテーション」は，協力者と協働しながら問題解決に当たる際の，専門家の果たすべき役割と方法を示したものです。

9-3　コミュニティ心理学の方法

　前節で述べたような，コミュニティ心理学の基本理念にもとづいて体系化された実践のための方法としては，予防的介入，危機介入，コンサルテーション，サポート・ネットワーキング，エンパワメントがあります。

9-3-1　予防的介入

　予防という理念は，伝統的な臨床心理学には馴染みの薄いものでした。一方，保健医療分野の1つである公衆衛生学では，病気の発症を未然に防ぐ段階から，治療が一応終わった後のアフターケアやリハビリまでを含む，3段階の予防方法が早くから確立されていました。この方法を精神保健に導入して発展させたキャプラン（Caplan, G.）の「予防精神医学」（1964）という考え方が，コミュニティ心理学の予防的介入の方法に大きな影響を与えました。

　予防の方法については，コミュニティ心理学でも以下の3段階から成り立っています。問題の発生を未然に防ぐ第1次予防，問題を早期に発見しそれ以上悪化しないように早期の段階で対応する第2次予防，問題への対処が一段落した後の再発や，さらなる悪化を防止するための第3次予防です。

　第1次予防の段階では，発生をできるだけ減らしたい問題に対する，人々の

関心を高めることや，基本的な知識を広めることが中心となります。これは無関心と無知が問題を深刻化させてきた過去の教訓から得られたことです。それには啓発のための広報活動や，領域（医療，教育，子育て，労働など）ごとの心理教育（例えばストレスへの対処や対人関係スキルなどをテーマにしたグループ学習など）が必要となります。

第2次予防の段階では，問題が深刻化する前に発見し，早めに対処することが中心となります。それには第1次予防であげたような取り組みと並行して，例えば心の健康診査（学校や職場で行われるアンケート形式の健診）のような，多くの人を対象にした組織的なスクリーニングと，早期支援を必要とする人たちのための受け皿（早期対応ができる専門機関など）が必要となります。

第3次予防の段階では，再発や悪化の防止と共に，周辺の人たちに対するアフターケアも重要です。例えば，家族を自殺で亡くした人に対する後追い自殺の防止や生活の立て直し，喪失感に対する心のケアなどです。

予防的介入は来談を待つのではなく，積極的に対象者にアプローチし，必要な場合はその土俵（コミュニティ）に飛び込んでいくことが求められます。

9-3-2 危機介入

人は人生の過程でさまざまな危機に遭遇します。危機とは，災害や事故，暴力（犯罪，虐待，DV）などの被害に遭遇した時，或いは大切な人や住み慣れた環境，プライドをもっていた立場（ポスト）などを喪失した時のように，個人の努力やそれまでの経験的な方法では解決が困難な状態にあることです。このような時には，不安や抑うつ，恐怖や罪悪感などの感情を伴う場合が多く，そのため情緒的に過敏になって冷静な判断ができにくくなり，状況をますます困難にしていく悪循環に陥りやすくなります。

危機には人の生命や心身の健康に重大な影響を与え，その後に心的外傷後ストレス障害（PTSD）などの2次障害を残すことが少なくありません。したがって，適切なタイミングを見計らって介入することが求められます。

実際の危機介入は，危機の当事者にも，介入しようとする支援者にも危険（一時的な暴力や持続的な脅迫など）が伴う場合があります。そのため重要なことは，事実関係にもとづいた事前の正確なアセスメントをすること（推測や

憶測はできるだけ排除する），介入に際しては，想定される事態に対応できる専門機関（福祉専門機関，司法機関，医療機関など）との組織的な連携が不可欠です。

一方危機に陥っている時は，当事者に解決を求めようとする動機が高まっているので，それまで周囲からの援助に拒否的だった人も，危機の時には援助を受け入れやすくなっています。すなわち，危機の時こそ介入の好機ということもできます。

9-3-3　コンサルテーション（consultation）

コンサルテーションと似た言葉にコンサルタント（consultant）があります。これは，例えば「経営コンサルタント」というように用いられて，その役割は，経営に行き詰まりを感じている中小企業の経営責任者などに，経営の打開策を助言する専門職というイメージです。そこにみられる関係は，経営コンサルタントは専門家ですが，相談を受けている人も企業経営に関しては専門家です。このように，双方がそれぞれの分野の専門家ですが，得意分野の異なる専門家から必要な助言を受けている，という関係になります。

コミュニティ心理学のコンサルテーションも，基本的にはコンサルタントと同じです。心理学の専門家が他の分野の専門家に対して，必要な助言をするという関係になります。例えば，クラスの不登校生徒の対応に苦慮している担任教諭（教育の専門家）に対して，スクールカウンセラー（心理臨床の専門家）が臨床心理学の視点から必要な助言をする，というのがコンサルテーションです。

コンサルテーションは相談室で個別面談の形で行われる場合が多いので，カウンセリングと同じと思われがちですが，両者には明確な違いがあります。

カウンセリングにおけるカウンセラーとクライアント（相談者）の関係では，カウンセラーは傾聴の姿勢を保ちながら，クライアントの感情に寄り添い，共感的非指示的に関わる中で，クライエント自身の気づきを促すように進められます。カウンセラーは専門家でクライアントは非専門家です。そこには治療者と治療対象者のような関係が存在します。

一方コンサルテーションにおいては，傾聴という姿勢は共通していますが，

両者は専門家同士として対等の関係にあります。また面談の内容は，専門的な見地からの助言や行動の提起などが中心となります。

　コンサルテーションの進めかたを，不登校に対するスクールカウンセラーの例で考えてみます。不登校生徒と日常的に直接関わっているのは家族や担任教諭です。そこには情緒的な交流も存在します。心理的な課題を抱えている人の場合は，初期段階では日常的に情緒的交流のある身近な人を通して間接的に援助する方が良いといわれています。このような場合に援助者であるスクールカウンセラーは，保護者や担任教諭に対して，不登校生徒の心理状態や関わりかたについての助言（コンサルテーション）を行い，保護者や担任教諭の意図的な言動の効果を通して不登校生徒を間接的に支援していくこともあります。この場合の保護者は一般的には非専門家ですが，親業（おやぎょう）という面では専門家の一種とみなされます。しかし時には，保護者自身の負担感を受けとめるためのカウンセリングを，コンサルテーションと並行して行うこともあります。

　コンサルテーションとは，心理的な課題を抱えている人の身近なところにいる専門家や準専門家に，協働者として支援に参加してもらうための方法といえますが，それは，予防的介入や危機介入の際にも，また次に述べるサポート・ネットワーキングのシステムを構築していく際にも欠かせない方法となります。

9-3-4　サポート・ネットワーキング

　一人の専門家，1つの機関だけでは困難な支援を，課題を抱える人の身近なところにいる人々や関係機関と連携し，協働で進めることをサポート・ネットワーキングといいます。自殺や虐待などを減らしていくための予防的介入や危機介入を進めていく際に不可欠な方法です。

　予防的介入や危機介入に際して，事前に，或いは途中経過で，さらに一段落した後のアフターケアの時期に，もっとも必要なのは対象者に関する正確で早い情報です。そのためには，支援対象者の周辺をできるだけ細かくカバーできるネットワークシステム（情報の網の目）が必要となります。このネットワークシステムを構築していく活動がサポート・ネットワーキングの1つですが，その他にも重要な活動があります。

　1つは，既存のサポート・ネットワークシステムの中にある人的資源（専門

家や日常的な世話役を担っている人たち）や専門機関と，支援を必要としている人とを結びつける活動です。個人が抱えている問題は，個人が生活している環境との不調和から生じているものが少なくありません。例として，高齢者夫婦のみの世帯で，妻が要介護状態となり夫がその介護をしている場合を考えてみます。その家のトイレや風呂場が要介護状態の人が使えるようなものでないと，まず排泄や保清（衛生状態を保つこと）の問題が生じます。買い物に行く場所が遠いと，食料など日常生活の必需品が簡単には手に入りません。夫は適切な介護の方法を知りません。家事全般にも不慣れです。時には気晴らしに出かけたくても要介護の妻がいるので出られません。このような生活を続けているうちに夫は近隣ともほとんど付き合わなくなり孤立していきます。やがて，介護と生活の疲れと孤独感からストレスがたまり，妻に対して暴力をふるったり世話を放棄（高齢者虐待の身体的虐待とネグレクトに相当）するようになることもあります。この段階に至る前に，この夫婦が環境（住宅や生活の状況，夫婦間や近隣との人間関係など）との不調和に陥り始めた段階で，既存のサポート・ネットワークシステムを活用すれば，予防的介入は充分可能となります（例えば，近くにある介護保険の専門機関につなぎ，ホームヘルプサービスやデイケアを活用する，その合間に夫は地域住民による「ふれあい喫茶」などで日頃の苦労話を聞いてもらうなど）。

　もう1つは，サポート・ネットワークシステムを動かすコミュニティ内の人材の開拓と育成です。ここではコンサルテーションも必要となります。

　サポート・ネットワーキングの内容を見ると，コミュニティ心理学が従来の臨床心理学の枠組（来談者中心の個別心理療法など）にとどまらない，求められる知識の範囲も，活動する場所の範囲も大幅に異なるものであることが分かります。

9-3-5　エンパワメント（en-powerment）

　エンパワメントとは力（能力）を与えるという意味で，第2次世界大戦後のアメリカで高まった，黒人の公民権運動や女性解放運動の中で次第に使われるようになった言葉です。当初の理念は，抑圧され差別されてきた人が自らの自尊意識に目覚め，本来もっている力を発揮できるように側面からサポートする

というものでした。この理念はその後，カウンセリングや心理療法でも取り入れられるようになったので，コミュニティ心理学だけのものではありませんが，「人の全体をみる，そして健康的な側面をより重視する」（9-2-1）という基本理念の1つと重なるものがあり，また，児童虐待やDVに危機介入して保護した被害者の，心のケアに欠かせない方法の1つになっています。

　エンパワメントは，これまでカウンセリングの技術として蓄積されてきたものを応用するとされていますが，援助過程は個人レベルのエンパワメントを行うものと，集団レベルのエンパワメントを行うものに分けられます。

　個人レベルのエンパワメントは，否定的な評価を受け続けた影響で無力感に陥っている状態から，自己効力感や自尊心を取り戻し，未来志向的になるように援助していくものです。この時，その人のもつ潜在的な強さや健康な側面に焦点を当てるようにしていきます。また，対人関係スキルや意志決定スキルなど，良好な社会関係を保つためのスキルを身につける支援も並行して行います。

　集団レベルのエンパワメントは，個人レベルのエンパワメントで行う内容を，グループ活動の中で行おうとするもので，グループという疑似コミュニティの中で体験的にエンパワメントされていくのでより効果的です。しかしはじめからグループに入るのは難しいので，個人レベルである程度エンパワメントされてから参加することになるのが普通です。

9-4　コミュニティ心理学の実践的応用：児童虐待防止の取り組み

　児童虐待の防止は，母子保健事業（乳幼児健診など），小児科医療，児童福祉，教育，司法機関などの現場で子どもと関わっているすべての関係者にとって，現代のもっとも重要な課題の1つとなっています。

　児童虐待の未然防止，早期発見・早期対応，危機介入，事後のフォローなど一連の実務にコミュニティ心理学の基本理念や方法が多く活用されています。

9-4-1　児童虐待とは

　2000年に「児童虐待の防止等に関する法律」が超党派の議員立法として成立しました。この法律とその後に出された厚生労働省の通達によって，それまで

あいまいであった児童虐待の定義と解釈が明確にされました。それによると児童虐待には，①身体的虐待，②ネグレクト，③性的虐待，④心理的虐待の4種類があり，いずれの場合も親の側の思い（例えば「しつけのつもり」など）ではなく，子どもにとって辛いものであれば虐待と認定するというものです。

この法律は3年ごとに内容の見直しと必要な改正を義務づけており，成立以来何度かの改正を経て現在施行されているものに至っています。ここではその内容と，並行して改正された児童福祉法の内容をふまえて言及します。

9-4-2　児童虐待の背景をみる際に重要な視点

児童虐待にはさまざまな経過や形態がありますが，その背景には共通した2つの社会関係が認められます。

1つは「孤立」です。児童虐待による死亡事例として毎年50件前後が把握されていますが，そのうちの4割が生後1年以内の乳児です。新しい命を迎え入れて両親ともにもっとも幸福感に満たされている時期のはずですが，死亡事例に関する専門委員会の調査では，子育てに伴う身体的負担や心配事を，母親が一人で背負っていたという実態が明らかにされています。また死亡にまで至らない数多くの虐待事例でも，子どもの両親が親戚や地域から孤立していたという状況が認められます。

もう1つは「依存」です。先の「孤立」と矛盾するような言葉ですが，ここでいう依存とは，周囲の人たちに任せきりにするという依存ではなく，依存できない，依存してはいけない対象に依存するということです。例えば，1歳と3歳の幼児を僅かな食べ物を置いておくだけで母親が1か月以上帰宅しないで衰弱死させた事例では，母親の，それでも何とかなるだろうという心理です。また身体的虐待の，このぐらいなら大丈夫だろうという心理です。

孤立と依存は，児童虐待の予防的介入を図る際に欠かせない視点といえます。

9-4-3　児童虐待防止のサポート・ネットワーキング

児童相談所に届く児童虐待の通報件数を月別に集計している資料をみると，6月前後と10月前後が他と比べて多いことが分かります。この時期は夏や冬の最中と違って，エアコンを使わないで窓を開けていることが多いので，虐待

通報者の主要部分を占める近隣住民が，子どもの泣き声などから虐待に気づく可能性が高いためといわれています。

　虐待通報は近隣住民以外にも，保育所や児童館などの児童福祉施設，小学校，保健センター（旧保健所），病院，警察などからも届きます。家庭内の外からみえにくいところで行われる児童虐待を，早期に発見し早期に対応するためには，これらの人々や機関からの連絡，相談，通報が何時でも受けられる体制（受理体制）と，通報受理後直ちに調査や確認に動き出す体制（初動体制）が欠かせません。児童虐待防止法が施行された直後に出された厚生労働省の通達では，児童相談所の24時間通報受理体制と，虐待通報を受けたら48時間以内に子どもの安否を直接確認することを義務付けて，サポート・ネットワークシステムが機能できるようにしています。

　一方児童虐待防止法も児童福祉法も，虐待処遇の最終目標を「家族の再統合」に置いています。そのため，いずれかの時期に子どもを家庭に戻すことになります。その場合にも早期発見の場合と同じように，見守りのためのサポート・ネットワークシステムが必要です。さらに，サポート・ネットワークシステムが充分に機能するためには，通報者の秘密が保護される必要があります。児童虐待防止法には，その点についての細かい規定も含まれています。

9-4-4　児童虐待防止のコンサルテーション

　児童虐待防止のためのサポート・ネットワーキングが充分に機能するためには，通報や見守りに協力してくれる地域住民や関係機関の職員に，児童虐待に関する基本知識や初期対応の方法を周知してもらう必要があります。それには，児童虐待の専門家によるコンサルテーションが欠かせません。

　現在行われているコンサルテーションの主なものは，職務の中で児童虐待に気づく機会が多い保育所や幼稚園，学校，小児科医療機関などの職員を対象とした研修があります。その他に，地域で住民の自治活動に主体的に取り組んでいる人たちを対象にした研修も行われています。それらを通して，児童虐待にはどういう種類があり，どういう根拠で児童虐待と判断するのか，児童虐待に気づいた者には通報の義務があること，その通報はどこにすれば良いのか，児童虐待かどうかよく分からない場合はどうすれば良いのか，通報者の秘密は守

られるのか，さらに児童虐待が深刻化した場合は子どもにどのような影響があるのか，などについて詳しく学べるようになっています。

9-4-5　児童虐待防止の予防的介入

児童虐待は子どもの心身に重大な影響を残します。それだけに可能な限り未然に防ぐための予防的介入が極めて重要です。

児童虐待の予防的介入は，第1次から第3次までの3つの段階があります。

第1次予防は児童虐待を未然に防ぐための取り組みで，政府が「児童虐待防止月間」などを設定して，その期間集中的にキャンペーン（マスコミを活用した広報活動，ポスターやバッジの普及など）を行うことや，専門家によるコンサルテーションなどがそれに当たります。

第2次予防は児童虐待の早期発見および早期対応のための取り組みです。児童虐待は突然に起こるものではなく，その予兆となる前段階があります。それは国際的にはマルトリートメント（maltreatment）と呼ばれている状態で，日本では「不適切な養育」と訳されています。これは児童虐待（例えばネグレクト）とまではいえないが，支援が入らないで放置されると児童虐待に至る可能性が高いような状態を指します。不適切な養育を早い段階で発見し，直ちに専門家による支援を始めることが児童虐待の未然防止に大きく貢献します。その方法の代表的なものは母子保健法による乳幼児健診です。

乳幼児健診は1歳までの期間に2回（例えば4か月と9か月）と，1歳半および3歳に達した時に保健センターなどで実施されるもので，乳幼児の身体発育や精神発達の状態を診査すると同時に，感染症の予防接種なども合わせて行われています。対象はすべての乳幼児で，事前に保健センターから受診のお知らせと問診票が送られてきます。受診率は高く，90％を上回っているところがほとんどで，乳幼児の養育状態を確認するうえでこれ以上は無い機会とされています。各健診において，問診票や小児科医の診察内容などにもとづいて保健師による面接が行われますが，その中で健診後のフォローが必要と判断されることもあります。その場合は保健師による家庭訪問により，状態が安定するまで（子育ての）支援が継続されます。すべての乳幼児を対象にしている健診ですが，それにもかかわらず健診を受けない「未受診」と呼ばれるグループが毎

回できます。児童虐待のアセスメントにおいて，子どもの状態が直接確認できないことはリスクが高いとみなされます。そのため「未受診」は，合理的な理由がある（例えば子どもに持病がありかかりつけ医に定期的に受診している）場合は別ですが，遅れても受診するまで保健師の指導が続けられます。そのようにして，乳幼児期の不適切な養育の早期発見・早期対応が行われています。

　第3次予防は再発防止のための取り組みです。不適切な養育や児童虐待に介入した後，支援によって状況が改善された場合でも，ふたたび同様の状況に陥ることがないよう，しばらく家庭訪問などによるフォローを継続することがこれに該当します。ここでは，専門機関だけの対応には限界があるので，サポート・ネットワークシステムによる見守りの協働が欠かせません。

9-4-6 児童虐待防止の危機介入

　児童相談所などが児童虐待の通報を受理した場合，48時間以内に家庭訪問などを行って，子どもの状況を目視等により直接確認することが義務づけられています。この時同時に虐待のアセスメントが行われます。アセスメントは「重症度」（ケガの程度など心身の状態）と「緊急度」（直ちに保護者から引き離して保護する必要があるかどうか）の2つの視点から判断されます。多くの場合は予防的介入の第2次予防（早期発見・早期対応）を継続するレベルですが，中にはその場で危機介入を行わなければならないケースもあります。

　「緊急度」が高い場合は，児童福祉法33条により保護者の同意が得られなくても，子どもを児童相談所に一時保護することができます。「重症度」が高い場合は同様に救急病院に搬送できます。そうして一旦保護者から子どもを引き離して，その後に保護者への対応（子どもに対する傷害罪で告訴することもあります）や子どもへの個別ケア（外傷の治療や心のケアなど）が行われます。

　子どもの状況を調査するために屋内に入ろうとするのを，保護者らが妨害して子どもの安全が確認できない場合には，児童虐待防止法は「臨検」を認めています。これは，警察官立会いのもとに児童相談所の職員が屋内に入ることを強行するもので，その時にドアや窓を破損しても保護者は損害賠償の請求はできないことになっています。また暴力などで抵抗した場合は，公務執行妨害の現行犯で立会いの警察官が逮捕することもあり得ます。このように児童虐待の

危機介入は多くの関係機関と連携して，強い権力の行使を背景に行われる場合もあります（実際に臨検まで行く例は少ない）。

9-4-7 児童虐待を受けた子どものエンパワメント

児童虐待を受けてきた子どもは，長い期間にわたって親から自己の存在を否定されるような扱いをされてきたことによる，さまざまな心理的課題を抱えています。とくに危機介入によって保護された子どもは，自尊感情の著しい低下，人との基本的な信頼関係が保てない，愛することも愛されることにも素直になれないとも思われるような言動を表出することがあります。これらは時間の経過と共に自然に回復するというものではなく，成人になっても周囲の社会環境にうまく適応できないということが起こる場合もあります。そのため早い段階での心理的治療が必要です。その際に重要なのがエンパワメントの理念と方法です。また，児童虐待の悪循環に陥って，介入されるまで悩みながらも児童虐待の連鎖から抜け出せなかった保護者に対しても，家族の再統合に向けての支援の中で，エンパワメントの理念や方法が活用されます。

学びのポイント

人はさまざまな社会関係の中で生活しています。個人が抱えている問題も，突き詰めていくとその問題が起きた原因は，個人をとりまくコミュニティ（家族や学校，会社，近隣など）との関係にある場合が多く，またそれらを解決していく方策も，個人とコミュニティとの関係の中に見出されることが多いといえます。

■ レポート課題の例

身近なところにある具体的な課題について，コミュニティ心理学の基本理念や方法を拠り所に，状況を変化させる方法について考察し，2,500字（A4-2枚）程度にまとめてみましょう。

■ チェックしておきたい重要語句
・**予防的介入**（9-3-1参照）：3つの段階の各内容を理解する。

・**危機介入**（9-3-2 参照）：危機とは何かを理解する。
・**コンサルテーション**（9-3-3 参照）：カウンセリングとの違いを理解する。
・**サポート・ネットワーキング**（9-3-4 参照）：どういうものかを理解する。
・**エンパワメント**（9-3-5 参照）：健康な面を重視活用することを理解する。

文　献

安藤 延男（1979）.コミュニティ心理学への道　新曜社
井上 孝代（編著）（2007）.エンパワメントのカウンセリング　川島書店
箕口 雅博（2011）.臨床心理地域援助特論　放送大学教育振興会
氏原 寛・成田 善弘（2000）.コミュニティ心理学とリエゾン　培風館
山本 和郎（1986）.コミュニティ心理学　東京大学出版会
山本 和郎（編）（2001）.臨床心理学的地域援助の展開　培風館

第10章　感覚・知覚

10-1　感覚（sensation）

　私たちは外界の情報を感覚器官を通して取り入れています。これらにはいわゆる五感と呼ばれる、視覚、聴覚、皮膚感覚、嗅覚、味覚があります。ここでは、視覚を中心に考えてみましょう。これらの感覚入力の情報源の違いは、モダリティ（modality: 感覚様相）という言葉であらわされます。

　以下では、特に私たち人間にとって重要な視覚を中心に考えてみましょう。

10-1-1　視覚系

　ある対象（遠刺激：distant stimulus）をみているとしましょう。その像は逆さまになり網膜上に投射されます（近刺激：proximal stimulus）。投射された像は視細胞が感知しその情報は脳中枢に送られます。視細胞には主に色を感知する錐体（cone）と明暗を感知する桿体（rod）があります。視細胞は脳に送

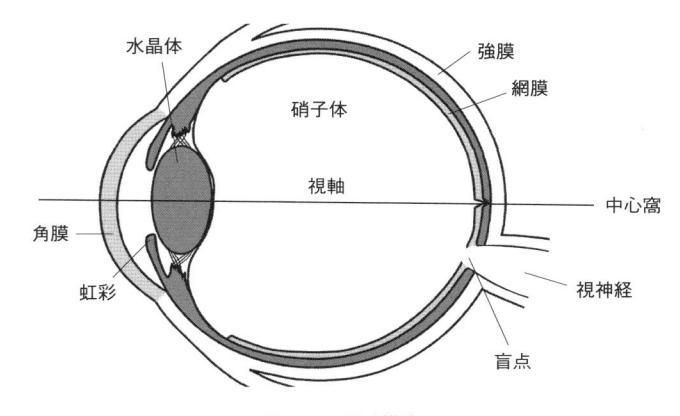

図10-1　眼球構造

128　第10章　感覚・知覚

盲点の確認
左目を閉じ，左十字点を適当な距離から凝視すると，右の円が見えなくなる点があります。
そこが右目の盲点に円が落ちた位置です。

補完（充填）現象
左目を閉じ，左十字点を適当な距離から凝視すると，右側の空白部分が見えなくなる点が
あります。これが補完または充填と呼ばれる現象です。

図 10-2　盲点

られる経路として一点に集められます。しかしそこには網膜が欠けているので，そこに投射された像はみえません。その点を盲点（blind spot）といいます。普段は補完（completion または充填 filling-in）という作用により視覚の一部が欠けているとは知覚しません。また両眼視も盲点に気づかない一因です。盲点の存在は図 10-2 で簡単に体験できます。

眼球運動

私たちは意図的に眼球を動かすことできますが（随意運動），自分の意図と関係なく常に眼球は動いています（不随意運動）。それらには数種類ありますが，その1つにサッカード（またはサッケード　saccade）があります。この運動は本人の意図に関係なく，1秒間に3，4回程度生じています。いいかえれば，同一刺激をみていても，ごく短時間でその網膜上の位置は移動しているのです。しかし，私たちはその時に移動を知覚することもありませんし，その移動中に不鮮明な知覚が生じることもありません。特殊な装置でこの不随意運動分の運動を相殺し，同一刺激が常に同一網膜上に落ちるようにすると（静止網膜像），その刺激の知覚の一部が欠如することから，眼球のこれら不随意運動が私たちの知覚に重要なことが示唆されます。

10-1-2　聴覚系

　私たちは空気の振動を鼓膜で受け取り，それらの情報はいくつかの経路を経由して神経的刺激となり中枢に伝えられ，音を知覚します。

10-1-3　視覚と聴覚モダリティの相互作用：視覚の優位

　映画やテレビをみている時は，映像は画面から，音声はスピーカーからとそれぞれの出所は違う場合があります（映画館ではスピーカーが多数配置されていてスクリーン裏から音声が出ることもあります）。しかし，登場人物のせりふはその口から発しているように知覚します（腹話術効果）。つまり，一般には聴覚より視覚に優位性があります。

10-1-4　共感覚（synesthesia）：感覚モダリティは独立ではない

　感覚モダリティは独立に作用しているわけではありません。例えば共感覚という興味深い現象があります。これは一部の人に起こることですが，数字や文字に色がみえたり，味覚体験をしたりすることがあります。

10-1-5　刺激閾（stimulus threshold あるいは絶対閾 absolute threshold）

　例えば，光刺激を観察者にはみえない非常に小さい強度から提示していき，それが観察者にみえる強度に達したところを刺激閾（stimulus threshold）といいます。実際には強度の異なる刺激を何度も提示し，それらを検出できるかどうか何度か回答を求め，その確率が50％になった点を刺激閾とします。つまり，ある種の感覚を引き起こす最少の刺激エネルギー量です。

10-1-6　弁別閾（または丁度可知差異 JND: Just Noticeable Difference）

　2つの刺激の違いが分かる（弁別できる）刺激の差異量のことです。例えば，標準刺激と比較刺激を何度が提示し，その違いが分かる刺激の差異量が丁度可知差異です。

10-1-7　主観的等価点（PSE: Point of Subjective Equality）

　例えば，図10-5のミューラーリヤー錯視図形を提示し，2つの矢羽の長さが

物理的（客観的）には異なっていても，観察者がその2つの矢羽の長さが等しく知覚する点のことです。

10-2　知覚（perception）
10-2-1　図と地（figure and ground）
　私たちがある刺激を観察している時，ある領域を対象（図）と知覚し，それ以外の領域を背景（地）として知覚します。このことを下図で体験してください。

　この刺激を観察した時，ある時は2人の向き合う顔（白い領域）をみると黒い領域は背景として後退し，かと思うとある時は壺（黒い領域）がみえると白い領域は背景となります。この場合，みえている領域が図で背景が地となっています。注意してほしいのは，両方の領域を同時に知覚することはない，つまり顔と壺を同時にみることはできないということです。図として知覚している領域は前面に浮かび，背景はその背後に広がっているように知覚されます。

図10-3　ルビンの図
黒い壺がみえるかと思うと，向かい合った人の顔がみえるように切り替わります。

10-2-2　まとまり（群化）の要因
　私たちが何らかの刺激を観察している時，それを一様に知覚しているのではなく，ある刺激群をまとまりとして知覚します。そのことをゲシュタルト心理学者のウェルトハイマーは，以下のようにまとめました。これらの要因により，各要素がまとまりをなしているといえます。

①近接の要因

②類同の要因

③よい連続の要因

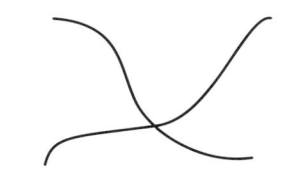

④よい形の要因

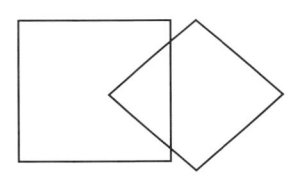

⑤閉合の要因

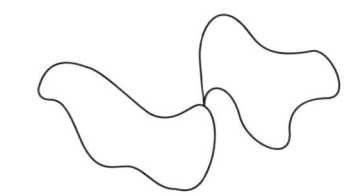

⑥共通運命の要因

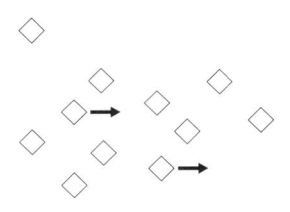

図 10-4　まとまりの要因

①近接の要因：近くにある刺激はまとまって知覚されます。
②類同の要因：性質の類似した刺激はまとまって知覚されます。
③よい連続の要因：自然に連続的に見える刺激はまとまって知覚されます。
④よい形の要因：形として規則的な領域はまとまって知覚されます。
⑤閉合の要因：開いた領域より閉じた領域はまとまって知覚されます。
⑥共通運命の要因：同一方向へ運動する刺激群はまとまって知覚されます。

10-2-3　奥行き知覚

　網膜像は2次元ですが私たちはそこから取り入れた情報により奥行きや立体感つまり3次元の情報を知覚することができます。これは以下の要因がはたらいています。

①両眼視差：私たちの左右の眼は前額平行面に位置しています。したがって，ある対象をみている時，両眼の網膜像には多少のずれすなわち視差が生じます。この視差による情報が奥行き知覚の要因の1つになります。

②輻輳(ふくそう)：対象物までの観察距離により，視軸の角度が変化します。その際の両眼の視軸のずれが輻輳です。これも奥行き知覚の手がかりとなります。

③遠近：近くの対象より遠くの対象はぼやけてみえます。それにより奥行きの知覚が生じます。

④運動視差：移動する観察者からみると，近くの対象と遠くの対象との位置関係は異なります。遠くのものは観察者と同じ方向に移動しますが，近く物は逆方向に移動します。これも奥行き知覚の手がかりになります。

10-2-4　運動知覚

①**仮現運動**（apparent movement）

2つ以上の光点を適切な距離と時間間隔をあけて点滅させると，私たちは別々の光点の点滅ではなく，あたかも1つの光点が移動つまり運動しているように知覚します。これを仮現運動といいます。電光掲示板やネオンサインなどは，複数の光が点滅をしているのですが，私たちはそこに文字や図形の運動を知覚します。アニメや映画は少しずつ異なる静止画が連続して提示されているのですが，私たちはそれを動画として知覚します。

②**運動残効**（motion aftereffect）

一定の方向に運動する刺激をしばらくみた後，静止した刺激をみると，先の刺激と逆方向の運動が知覚されます。「滝の錯視」として知られています。

③**誘導運動**（induced movement）

夜空の月の近くを雲が横切ると，止まっているはずの月が動いてみえることがあります。あるいは電車内にいる時，隣の電車が動くのをみると，あたかも自分が乗っている車両が動き始めたかのように感じることがあります（逆も起こります）。

④**自動運動**（autokinetic movement）

暗闇で1つの光点をみつめていると，その光点が動き出してみえることがあります。これを自動運動といいます。

10-3 錯視（visual illusion）

私たちは外界の情報をそのままの情報で知覚しているとは限りません。むしろある種のゆがみをもって知覚することの方が多いともいえます。このことは以下の錯視（視覚における錯覚）により体験できます。

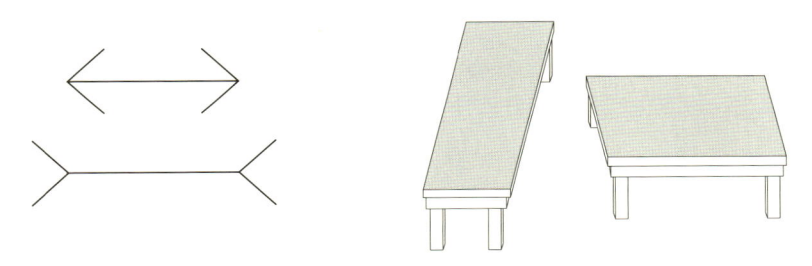

図 10-5　ミューラーリヤー錯視（左：線分は同じ長さ）とシェパード錯視（右：テーブルの形は同一）

主観的輪郭線

下図をみると，物理的はそこに存在しない白い三角形を知覚します。その三角形の領域は周辺より，より白く浮き上がってみえます。これを主観的輪郭線といいます。

図 10-6　主観的輪郭線

10-4 恒常性（constancy）

私たちが何かをみている時，その対象物の動きや明るさや距離などにより，網膜上の像は変化します。例えば5m離れたある人物が10m離れると，その人

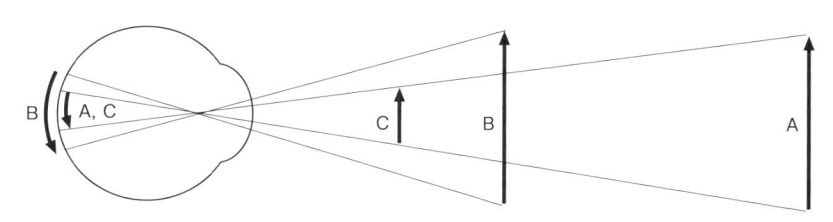

図 10-7 大きさの恒常性
対象までの距離により網膜上の像の大きさは変化しますが，対象物の大きさの知覚は変化しません。

物像が投射された網膜上の像は半分の大きさになります。しかし私たちはその人物の身長が半分になったとは知覚することはなく，同じ身長の人物として知覚します。これは大きさの恒常性という現象です。もしこの恒常性がはたらかないと，私たちは知覚するものの属性がたえず変化してしまう，混乱した状態に置かれることになります。

恒常性は以下のようにさまざまな次元にみられます。

10-4-1　その他の恒常性

①形の恒常性

例えば，円刺激をみている時に，その刺激を回転させると網膜上の像は真円から楕円に変わっていきます。しかし私たちはその対象物の形が変化したとは知覚せずに，変わらず「円」を知覚します。

②色の恒常性

異なる照明のもとだと，同じ色の物体をみると，その反射光の分光分布は異なります。しかし私たちは例えば，炎天下であれ暗い部屋であれ，黒い猫は黒く，白い猫は白く知覚します。

10-5　文脈の効果

ある刺激を知覚する場合，その刺激の物理的な次元から分析し，次第に意味的・概念的な次元に到達することがあります。これはボトムアップ的な知覚です。それに対し，意味的・概念的な次元からある種の刺激を知覚する場合もあります。この場合，同じ刺激でもその文脈によって異なる知覚が生じます。こ

ABC
12 13 14

図 10-8　あいまい図形

れはトップダウン的な知覚です。以下にその例を示します。同じ刺激でも「数字」の文脈だと「13」と知覚し，「アルファベット」の文脈だと「B」と知覚します。

10-6　反転図形

　反転図形という刺激をみていると，そのみえかたが変わります。ネッカーキューブ（ネッカーの立方体）と呼ばれる図形では，いくつかの面が次々と（反転して）前面に知覚されます。また，ウサギとカモの図形ではどちらかの動物がかわるがわる知覚されます。多義図形ということもあります。

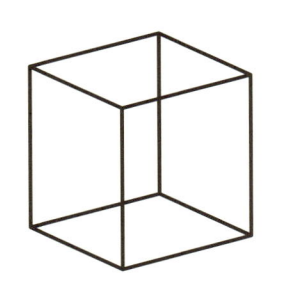

図 10-9　反転図形（左はネッカーキューブ，右はウサギとカモ）

10-7　注意（attention）

　私たちの感覚器官には複数のモダリティから常に膨大で多様な情報が入ってきています。当然それらすべてに注意を向けることはできません。そのとき必要な一部の情報にのみ注意を向けています。これを選択的注意（selective attention）といいます。

この一例として，カクテルパーティ効果があります。カクテルパーティ（日本ではなじみのないものですが）の場で，多くの人たちの声が聞こえる中から，今会話をしている相手の声だけを聞き取ることができるのは，選択的注意がはたらくからです。

> **学びのポイント** •
>
> 1）錯視が生じるということは，私たちの知覚現象に関して，どのような意味があるのでしょうか。
> 2）知覚の恒常性が生じるのは，私たちの生活にとってどのような意味があるのでしょうか（もしこのはたらきがない場合を考えてみましょう）。

第11章　学習・記憶・思考

11-1　学習（learning）

「学習」の簡潔な定義は「経験による比較的永続的な行動の変容」です。まず，「経験による」という部分が意味するのは，成熟などによる変容は含まないということです。ある種の行動には経験は関与せず単に成熟により変容するものがありますが，この種の変容は学習によるものとは考えません。また「比較的永続的な」という部分には，短期的には変容するが時間経過と共に自然にもとに戻る変容は含まないという意味があります。例えば，ある種の薬物や疲労等の影響により通常とは異なる行動に変容することがありますが，これらは時間経過によりそれらの影響が消え，もとに戻るので学習とは考えません。

11-2　古典的条件づけ（classical conditioning）

古典的条件づけは，レスポンデント条件づけ（respondent conditioning），パブロフ型条件づけ（pavlovian conditioning）ともいいます。

ロシアの生理学者パブロフ（Pavlov, I.）は犬を被験体として用い，消化器系の実験を繰り返していました。その研究の最中に見出されたのが古典的条件づけです。

生体にはさまざまな反射が備わっています。例えば，口中の食物（無条件刺激：unconditioned stimulus: US）は必ず唾液分泌（無条件反応：unconditioned response: UR）を引き起こします。これは学習によるものではなく，もともと体に備わっている反射（reflex）です。パブロフの実験では，メトロノームの音（中性刺激：neutral stimulus: NS）を提示してから無条件刺激（エサ）を提示するということを繰り返しました。すると，当初は唾液分泌を引き起こすことのなかった中性刺激（ただしその刺激に注意を向ける定位反応（orienting

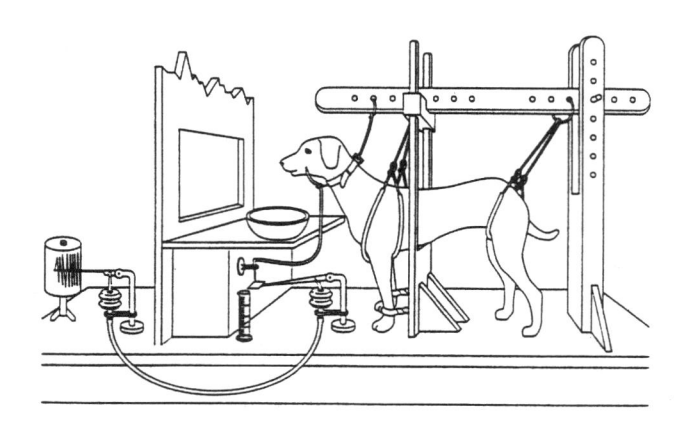

図 11-1　パブロフによる古典的条件づけの様子（Yerkes & Morgulis, 1909）

response: OR）は引き起こされます）が，強化が繰り返されることにより，唾液を分泌するようになりました。中性刺激が条件刺激（conditioned stimulus: CS）に性質を変え，条件反応（conditioned response: CR）を引き起こすようになったのです。

11-2-1　消去（extinction）と自発的回復（spontaneous recovery）

条件づけが成立した後，条件刺激だけを提示し無条件刺激を提示しない手続きを繰り返すと，条件反応は消えていきます。これを消去といいます。消去された条件反応は一定時間経過した後，ふたたび条件刺激が提示されるとあ

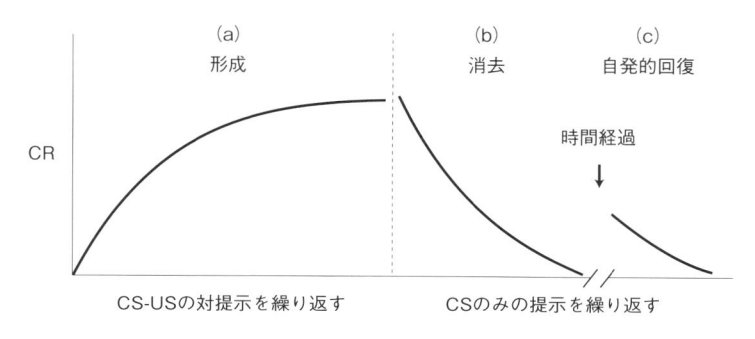

図 11-2　条件反応の形成，消去，自発的回復（今田，1996）

る程度の条件反応が生じることがあります。これを自発的回復（spontaneous recovery）といいます。

11-2-2 般化（generalization）と弁別（discrimination）

条件づけ成立後であると，当該の条件刺激だけでなく，それに類似した刺激に対しても図11-3に示すようにある程度の条件反応が生じます。その強度は条件刺激との類似性により変化します。条件刺激との類似性と反応強度の関係を示したものを般化勾配といいます。

般化とは反対に，ある条件刺激（CS^+）提示時のみに無条件刺激を随伴させ，類似はしているがそれとは異なる刺激（CS^-）に対しては無条件刺激を随伴させない手続きを繰り返すと，両刺激を弁別できるようになり，条件刺激には条件反応が生じるが，それ以外の刺激に対しては反応が生じなくなる分化が生じます。

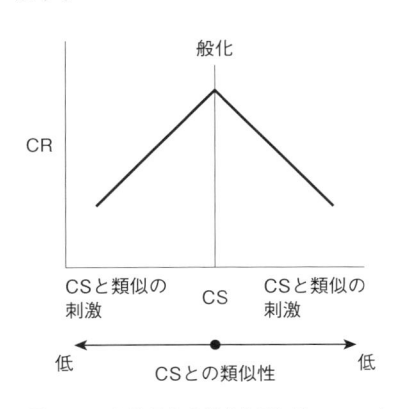

図 11-3　条件反応の般化勾配（今田，1996）

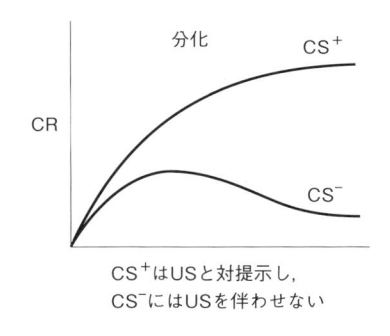

図 11-4　条件反応の分化反応（今田，1996）

11-3　道具的条件づけ（instrumental conditioning）

道具的条件づけは，オペラント条件づけ（operant conditioning）ともいいます。

あなたは今，教室で講義を受けている最中かもしれません。ということは，朝起床して朝食をとり，自宅を出て電車やバスを乗り継ぎ，講義の始まるまで

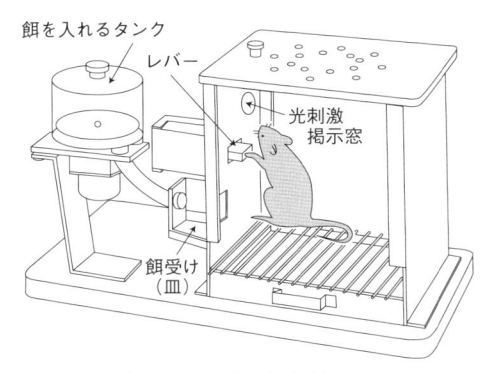

図 11-5 スキナー箱の様子

に教室に来たということでしょう。これらの一連の行動は，能動的に自発した反応であり，学習したものに他なりません。この学習はそれらの反応が，その後の環境に変化を生じさせるある種の手段つまり道具となっていることから，道具的条件づけと呼ばれます。スキナー（Skinner, B. F.）は，この反応をオペラント反応と名づけました。そして彼は，できるだけ余計な要因を排除し，この条件づけを効率的に研究するために，スキナー箱を考案しました（図 11-5）。この中での被検体のレバー押しがオペラント反応，そしてその結果，強化子が提示されるという環境側の変化により，オペラント反応の頻度が変化します。

11-3-1　3 項随伴性

オペラント条件づけを考える時に重要なのが 3 項随伴性です。これは弁別刺激 – オペラント反応 – 強化子という 3 項目の関係のことです。

図 11-6　3 項随伴性

11-3-2 強化スケジュールと部分強化消去効果

　すべての道具的反応に対して強化子を提示する手続きを連続強化といいます。その反対にまったく強化子を提示しないのが消去です。それらの中間にある，つまり一部の反応に対してのみ強化子を提示するのが部分強化（partial reinforcement: または間欠強化 intermittent reinforcement）スケジュールです。オペラント条件づけにおいて代表的な部分強化スケジュールには固定比率（fixed ratio: FR），変動比率（variable ratio: VR），固定間隔（fixed interval: FI），変動間隔（variable interval: VI）があり，置かれたスケジュールにより動物の反応パターンが異なります。
　まったく強化子が提示されない状態になった時にどれだけ反応が持続するか

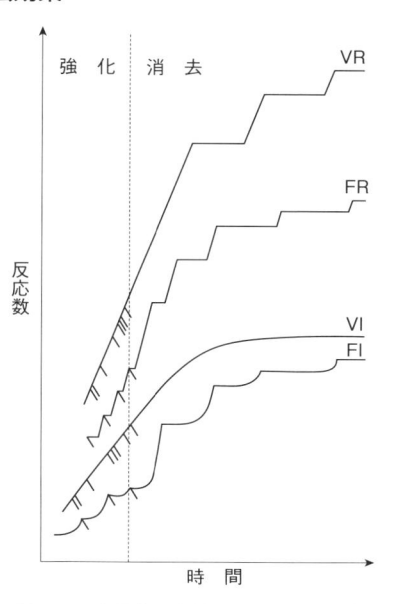

図 11-7　各強化スケジュール下での累積記録と消去の過程
（Reynolds, 1975, 浅野訳 1978）

ということを消去抵抗（resistant to extinction）といいます。連続強化よりも部分強化で訓練された方が消去抵抗が高い，つまりなかなか反応が消えません。この現象を部分強化消去効果（partial reinforcement extinction effect）または単に部分強化効果といいます。

11-3-3 強化と罰

　強化はオペラント反応の生起頻度に影響しますが，罰もこのようなはたらきをもちます。用いる刺激と刺激の提示・除去の組み合わせは以下の表のようになります。いずれにしても，「強化」はオペラント反応の生起頻度を高めるはたらき，「罰」はオペラント反応の生起頻度を低めるはたらきをもちます。「正」はオペラント反応後に刺激を提示すること，「負」はオペラント反応後に刺激を除去することを意味します。

	刺激（強化子）の性質	
	快	不快（嫌悪的）
刺激が反応後に提示される	正の強化 （反応は増加）	正の罰 （反応は減少）
刺激が反応後に除去される	負の罰（省略訓練） （反応は減少）	負の強化 （反応は増加）

図 11-8　正の強化，負の強化，正の罰，負の罰の関係

11-4　社会的学習（social learning）

観察学習（observational learning）

　「学ぶ」という言葉は「まねる」から派生したという説があります。上述の学習は学習者自身が強化されることにより生じるものでしたが，私たちは日常，他者の行動を観察することにより学習することも多くあります。

　そのことをバンデューラ（Bandura, 1965）は次の実験でモデルの行動を観察することにより学習が起こることを示しました。まず，子どもに大人のモデルが人形を攻撃しているところを観察させます。その後，その子どもをモデルと同じ状況に置くと，モデルの攻撃を観察しなかった子どもに比べて，人形に対する攻撃行動が多くみられました。このように観察を通して起こる学習をバンデューラはモデリングといいました。

　また観察対象が強化される場面を観察することで起こる強化を代理強化，反対に罰せられる場面を観察することで起こる罰を代理罰といいます。前述のスキナーは，学習者自身が強化されることで学習が生起すると考えていましたが，ここであげた研究は学習者自身が強化されることがなくても，観察することでも学習が生起することを示したのです。

11-5　記憶（memory）

　上述の学習研究は，その背景に行動主義の考えがありました。その当時も記憶の研究はされていましたが，対連合学習など，「刺激－反応」という観点からなされるものが中心でした。しかし，20世紀半ばに情報処理機であるコンピュ

ータの進歩に影響を受け，人間記憶過程をそのアナロジーで捉える認知心理学的研究が発展してきました。

記憶の過程は記銘-保持-再生（または符号化-貯蔵-検索）という3段階で捉えられます。記憶の効果を調べる時はどの段階のはたらきが重要なのか考慮することが大切です。以下にその研究の主な知見をみていきましょう。

11-5-1　記憶の2過程説

記憶のモデルとしては，まずは短期記憶（short-term memory）と長期記憶（long-term memory）という2つの過程を想定する2過程説がアトキンソンとシフリン（Atkinson & Shiffrin, 1968）により提唱されました。

このモデルによれば，外部からの情報はまずは感覚登録器（sensory resister）を通過した後，その一部が短期記憶に送られます。そこで何らかの符号化（例えば文字情報→音声情報）がなされ，その一部は長期記憶に転送されます。

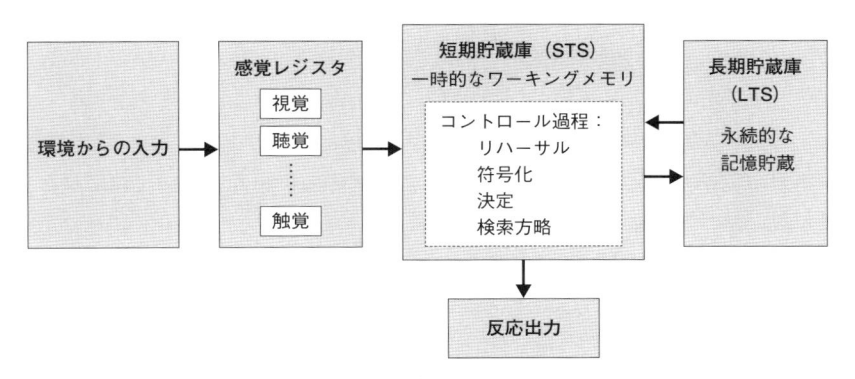

図 11-9　記憶の2過程モデル（Atkinson & Shiffrin, 1971）

①感覚登録器

各種の感覚を通過した情報は一時的に感覚登録器に入ります。スパーリング（Sperling, 1960）は部分報告法という巧妙な実験法を考案し，視覚情報に関してこの登録器があることを示しました。彼の実験の1つでは，4列×3行の12個のランダムな数字やアルファベットからなるターゲット刺激（図11-10）を

図 11-10 スパーリングの実験で用いられた刺激の例（Sperling, 1960）

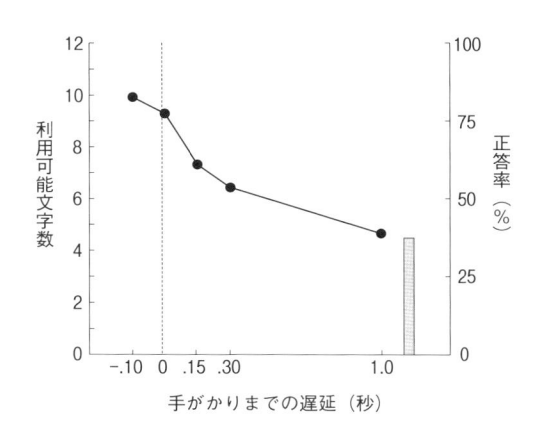

図 11-11 スパーリングの部分報告法実験の結果（Sperling, 1960：右端の棒グラフは全体報告法の報告文字数）

短時間（50ミリ秒）提示し，その後，音による手がかり刺激から上，中，下いずれか1行だけの文字を報告するか指示し，その正答率から全体の刺激であれば何文字報告可能であったかを推定しました（実際に報告した刺激数ではなくそこから推定した利用可能文字数：正答率×提示文字数），ターゲット刺激提示から手がかり刺激提示までの時間間隔を操作した結果が，図 11-11 です。

その結果，視覚情報は非常に 200 秒から 300 ミリ秒という短時間に消失する性質であることが分かり，アイコニックメモリ（iconic memory）と命名されました。

他の感覚情報，例えば聴覚情報では4秒程度は感覚登録器に置かれることもその後分かりました。これはエコーイックメモリ（echoic memory）といわれます。これらの登録器内の情報の一部が，次の段階である短期記憶に送られます。

②短期記憶（short term memory または短期貯蔵庫 short term storage）

感覚登録器を通過した一部の情報は短期記憶に送られます。ある時に意識しているのは短期記憶内にある情報です。ここにある情報が留められる時間は，リハーサル（復唱）をしない限りは数十秒程度，留めておける情報は 7 ± 2 個程度といわれています（Miller, 1956）。

短期記憶の容量が7個前後というと，案外少ないと思われるかもしれま

せん。しかし情報をまとめると情報量を増やすことができます。例えば，ICGAXTOPF という文字列を記憶しようとすると，9文字なのでかなり難しいことになります。しかしこの文字列を，PIG, CAT, FOX とまとめると，3個の情報になり，簡単に覚えることができます。これをチャンク化（chunking）といいます。このチャンク化を練習により要領よくできるようになると，一度に覚える情報量を飛躍的に増やすことができます。

③**長期記憶（long term memory または長期貯蔵庫 long term storage）**

短期記憶の情報の一部は長期記憶に転送され，数分から一生という長期にわたって保存されます。長期記憶内の情報量は膨大ですが，以下のような意味的ネットワークを構成していると考えられます。

上記の短期記憶と長期記憶の存在は，自由再生実験で得られる結果から推測できます。自由再生実験では，15個程度の単語リストを参加者に提示し，次に提示された順番に関係なく思い出してもらいます。この時，単語リスト提示直

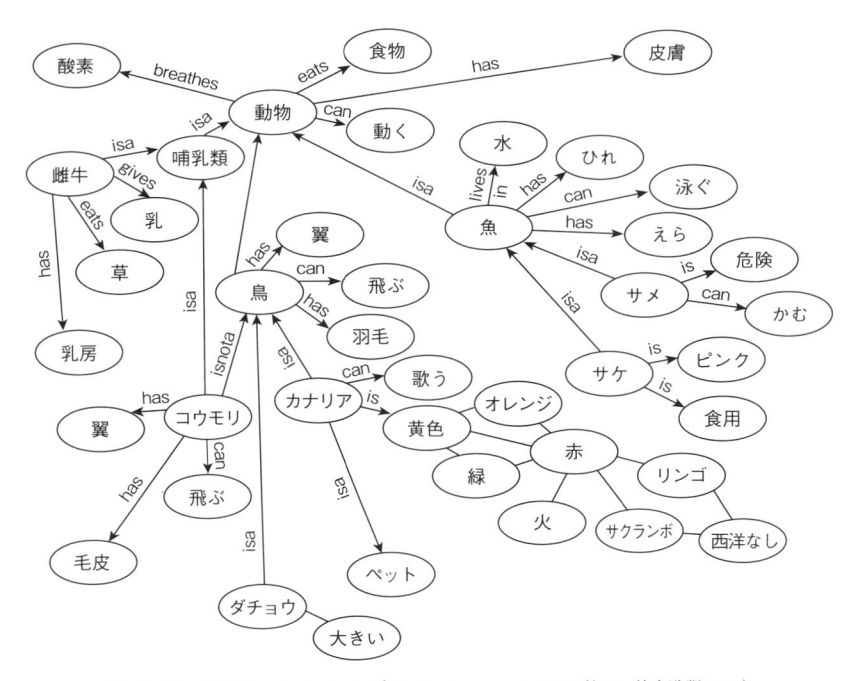

図 11-12　意味ネットワークモデル（Lackman et al., 1979 箱田・鈴木監訳 1988）

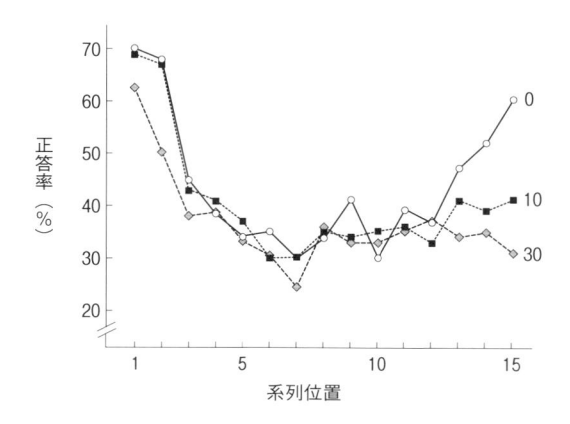

図 11-13　自由再生実験における系列位置効果（Glanzer & Cunitz, 1966）
すべての条件で初頭性効果はあるが，新近性効果は条件によって異なる。

後にテストする条件（直後条件）とリスト提示からテストまで簡単な計算課題などしてもらう条件（遅延条件）を設けてみます。すると，直後条件（図 11-13 では「0」のついた条件）では，リストの終わりの数語をよく思い出せます（新近性効果：recency effect）が，遅延条件（図 11-13 では「10」と「30」のついた条件。それぞれリスト提示後，10 秒または 30 秒間，簡単な計算課題をします）ではその効果が減弱または消失します。ところが面白いことにどの条件もリストのはじめの数語をよく思い出せることに違いがないのです（初頭性効果：primacy effect）。

このことは，新近性効果は短期記憶の成分によるものであり，直後条件にはそれが現れますが，遅延条件では計算課題により短期記憶内の情報のリハーサルが妨害されるのでその成分が消失してしまうとすると説明ができます。そしてそれ以外の部分は長期記憶の成分によるものであり，とくにリスト初頭部はすでに長期記憶に転送されているので，妨害課題には影響を受けないとすると説明ができます。

11-5-2　処理水準説（levels of processing view: LOP）

上述の 2 過程説に対して，クレイクとロックハート（Craik & Lockhart, 1972）は，符号化時の処理様式を重視する処理水準説を提唱しました。彼らは

符号化時の処理様式に浅い処理→深い処理を想定し，大まかに刺激材料の形態的処理，音韻的処理，意味処理を対応させました。記憶成績はこの順序ですぐれるとし，多くの実験でこの考えは支持されました。

その後，処理の深さを量的に定義するために，精緻化（elaboration）という概念が導入されました。精緻化とは簡潔にいえば，記銘する材料にイメージや語呂合わせなどを使って別の情報を付け加えることです。

処理水準説はとくに記銘時の処理様式を重視する概念ですが，その後，単にその記銘時だけではなく，記銘時と検索時の処理様式の一致度を重視する転移適切処理（transfer appropriate processing）の説も提唱されました（Morris et al., 1977）。処理の深さではなく，符号化時とテスト時の処理様式の一致度を重視する考えです。テスト前には，論述テストなのか穴埋めテストなのか，あるいは再生様式なのか再認様式なのか気になりますが，テスト前にその様式を知り，それに合わせた勉強（符号化）をしようとするからです。

11-6　ワーキングメモリ

バドリーとヒッチ（Baddeley & Hitch, 1974）は記憶を，ある情報の保持と別の情報の処理を同時に行う動的な過程と捉え，ワーキングメモリ（working memory）のモデルを提唱しました。その後，モデルは改良され，今では図11-14に示したように，中央実行部（central executive）という主要システムと，言語的情報を処理する音韻ループ（phonological loop），視空間的情報を処理する視空間スケッチパッド（visuospatial sketchpad），エピソードバッファ（episodic buffer）という従属システムを仮定したものになりました（Baddeley, 2000）。最後のエピソードバッファは当初のモデルにはなかったシステムですが，視覚，言語，知覚など異なる情報とLTM（長期記憶）からの情報を束ねるはたらきを仮定するものとして付け加えられました。これらは全体として処理資源（リソース）の容量に限界があります。

ワーキングメモリの概念のポイントは，ある情報を保持しつつ同時に別の情報を処理するという動的なはたらきにあります。例えば，25×7という計算を暗算する場合，7×5の計算結果を保持しつつ，7×2の計算（処理）を行い，両者を足し合わせ答えを出します。私たちの日常生活を考えれば，同時並

```
                    ┌─────────────────────────┐
                    │      中央実行部          │
                    │  (central executive)    │
                    └─────────────────────────┘
                       ↕        ↕        ↕
              ┌──────────┐ ┌──────────┐ ┌──────────┐
              │視空間スケッチパッド│ │エピソードバッファ│ │音韻ループ│
              │(visuospatial  │ │(episode  │ │(phonological│
              │ sketchpad)    │ │ buffer)  │ │ loop)    │
              └──────────┘ └──────────┘ └──────────┘
              │ 視覚的意味記憶 ↔ エピソードLTM ↔ 言語 │
```

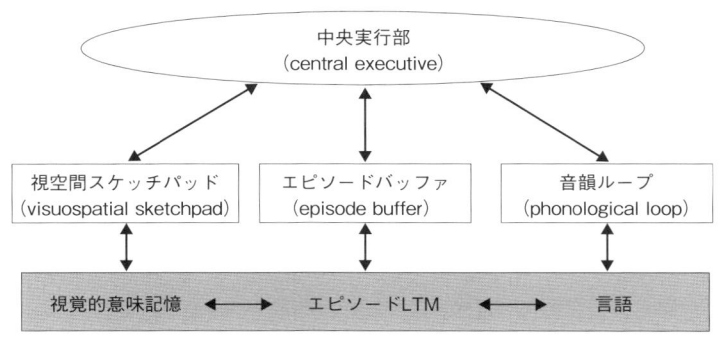

■ 結晶性システム　□ 流動性システム
　（長期記憶）　　　（ワーキングメモリ）

図 11-14　ワーキングメモリのモデル（Baddeley, 2000）

行的にさまざまな情報を保持・処理しています。つまり，短期的な情報の保持だけでは，次々に入ってくる情報に対処し適切に行動することはできないのです。また，リソースに限界があるということは，リソースを多く使う作業を同時に複数行うことは難しいということを意味します。

11-7　宣言記憶（declarative memory）と手続き記憶（procedural memory または非宣言記憶）

　長期記憶はその内容により，宣言記憶と手続き記憶に分類できます。宣言記憶はさらに意味記憶（semantic memory）とエピソード記憶（episodic memory）に分類されます。意味記憶とはいわば辞書的な記憶で，例えば「犬とは4つ脚で家畜化可能な哺乳動物である」というようなものです。それに対し，エピソード記憶は自伝的な出来事に関する記憶で，時間（when），場所（where），内容（what）が特定できる記憶です。例えば「昨日帰宅途中に，Aさんの家の前で，大きな犬に吠えられた」という記憶です。両者に共通する特徴は，言語やイメージであらわすことが可能（表象可能）という点にあります。

　一方，手続き記憶はその名の通り，ある種の手続きに関する記憶です。例えば，自転車に乗るというのは，以前その乗りかたつまり手続きを記憶した結果によるということなのですが，その内容を言語により説明することは非常に難

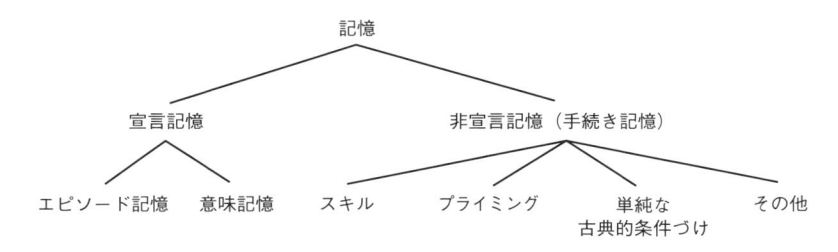

```
                    記憶
                  /      \
              宣言記憶    非宣言記憶（手続き記憶）
              /    \      /      |        |         \
      エピソード記憶  意味記憶  スキル  プライミング  単純な       その他
                                              古典的条件づけ
```

図 11-15　スクワイアの多重記憶システムモデル（Squire, 1987）

しいか不可能です。さまざまな技能，簡単な古典的条件づけ，プライミング効果などはこの記憶の成分のはたらきです。

　この記憶の分類の代表例がスクワイア（Squire, 1987）によるものです。これは理論的には多重記憶システム論の一例です（これに対立するのが，処理様式を重視する処理論です）。

11-8　潜在記憶（implicit memory）

　上述まで記憶研究では，実験のテスト時に「先ほどもみた（聞いた）材料を思い出してください」という教示のもとで行われるものでした（直接的測度 ; direct measure）。これらのテストで測定される記憶は想起意識を伴うので顕在記憶（explicit memory）と呼ばれます。しかしプライミング（priming）という実験手法が考案され，想起意識を伴わない潜在記憶の存在が明らかになりました（総説として例えば，岡田，1999）。この実験では符号化時に数十の単語を実験参加者に提示します。そしてその中に「しんりがく」があったとします（旧項目）。その後テスト時に虫食い単語（し□り□く）を提示し（虫食い単語には，符号化時に提示された旧項目とテスト時にはじめて使われる新項目があります），「心に浮かんだ最初の単語で完成させてください」と教示します。この教示のポイントは，先行刺激の直接的な想起を求めないという点にあります（間接的測度 : indirect measure）。

　テストで，新項目より旧項目の完成率が高かった場合，プライミング効果（先行刺激の受容が後続刺激の処理を促進する効果）が生じたとされます。そして符号化時に「しんりがく」が提示された条件の方が，されなかった条件よ

りその完成率が高い場合，それは記憶の効果なのですが，参加者本人には想起意識が伴わないことが多いので潜在記憶と呼ばれます。

その後の研究により，潜在記憶は顕在記憶に比べて，符号化時とテスト時の刺激モダリティの変化に影響を強く受ける（変化するとその効果が減少する：顕在記憶はあまり影響されません），時間経過に影響を受けない，発達的変化に影響を受けない，そして健忘症者でも健常者とほぼ同等の効果がみられる，ということが示唆されました（後者3要因は顕在記憶に影響します）。

私たちの日常生活は，実はこの想起意識を伴わない潜在記憶による活動が非常に多いのです。その点でも，この研究は大きな意義がありました。

11-9 演繹的推論（deductive inference）と帰納的推論（inductive inference）

私たちが行う推論は，大きく分けると演繹的推論と帰納的推論があります。

演繹的推論は，前提から結論を導く方法です。あるいは仮説ないし理論から特殊事例の予測を立てる推論です。この推論は，前提に間違いがなければ論理的には必ず正しい解が得られます。例えば，前提1：人間は必ず死ぬ，前提2：ソクラテスは人間である，結論：ゆえにソクラテスは死ぬ，という推論です。この推論を正しく行えば必ず正しい解を得られますが，新たな情報は増えないという難点があります。

帰納的推論は，特殊事例から一般的な仮説ないし理論を導く推論です。例えば，カラスAは黒い，カラスBは黒い，……ゆえにカラスはすべて黒い，という推論です。この推論は一部の情報への言及から，全体の情報を導いているので新たな情報が増えています。しかし，必ず正しい解を得られるという保証はありません。

学びのポイント

1) 自分のあるオペラント行動について，3項随伴性の概念で分析してみましょう。
2) 単なる「暗記」より，意味を考えて覚えた方が効果的な理由を考えてみましょう。

3）「歩きスマホ」が危険な理由を，ワーキングメモリの概念（と各システムの用語を用いて）で考えてみましょう。

文　献

Atkison, R. C., & Shiffrin, R. M. (1968). Human memory: A proposed system and its control processes. In K. W. Spence (Ed.), *The psychology of learning and motivation: Advances in research and theory, 2*, 89-195. New York: Academic Press.

Atkinson, R. C., & Shiffrin, R. M. (1971) The control of short-term memory. *Scientific American, 225*, 82-90.

Beddeley, A. (2000). The episodic buffer: A new component of working memory? *Trends in Cognitive Sciences, 4*, 417-423.

Baddeley, A., & Hitch, G. J. (1974). Working memory. In G. A. Bower (Ed.) *The psychology of learning and motivation: Advances in research and theory, 8*, 47-89. New York: Academic Press.

Bandura, A. (1965). Influence of models' reinforcement contingencies on the acquisition of imitative responses. *Journal of Personality and Social Psychology, 1*, 589-595.

Craik, F. I. M., & Lockhart, R. S. (1972). Levels of processing: A framework for memory research. *Journal of Verbal Learning and Verbal Behavior, 11*, 671-684.

今田 寛 (1996). 学習の心理学　培風館

Glanzer, M., & Cunitz, A. R. (1966). Two storage mechanisms in free recall. *Journal of Verbal Learning and Verbal Behavior, 5*, 351-360.

Lackman, R., Lackman, J. L., & Butterfield, E. C. (1979). *Cognitive psychology and information processing*. Hillsdale, N. J.: Lawrence Erlbaum. (箱田 裕司・鈴木 光太郎 (監訳) (1988). 認知心理学と人間の情報処理 II ―意識と記憶―　サイエンス社)

Miller, G. A. (1956). The magical number seven, plus or minus two: Some limits on our capacity for processing information. *Psychological Review, 63*, 81-97.

Morris, C. D., Bransford, J. D., & Franks, J. J. (1977). Levels of processing versus transfer appropriate processing. *Journal of Verbal Learning and Verbal Behavior, 16*, 519-533.

岡田 圭二 (1999). 潜在記憶理論の展望　心理学評論, *42*, 133-155.

Reynolds, G. S. (1975). *A primer of operant conditioning*. Scott, Glenview: Foresman, and Company. (浅野 俊夫 (訳) (1978). オペラント心理学入門―行動分析への道―　サイエンス社)

Sperling, G. (1960). The information available in brief visual presentations. *Psychological Monographs: General and Applied, 498*, 1-29.

Squire, L. R. (1987). *Memory and brain*. New York: Oxford University Press.

Yerkes, R. M., & Morgulis, S. (1909). The method of Pavlow in animal psychology. *Psychological Bulletin, 6*, 257-273.

第 12 章　動機づけ

　「動機づけ」（motivate）という用語でもある程度イメージはわくと思いますが，一般的にはいわゆる「やる気」とか「意欲」といわれるものです。基本的に以下のはたらきがあります。

12-1　動機づけのはたらき
　まずは「行動の喚起」です。何事であっても行動が喚起される必要があります。それが動機づけの第1のはたらきです。
　つぎに「行動の方向づけ」です。行動が喚起されても，それが当該の動機づけとは関係のない行動では意味がありません。その時の動機づけに応じた適切な行動に方向づけられる必要があります。
　そして最後に必要なのが「行動の維持」です。行動の中には喚起・遂行され終了してしまえば，それ以降必要のないものもあります。例えば，食行動のように満腹になってしまえば，その行動はそれ以降，ふたたび空腹になるまではしばらくは不要です。しかし，例えば勉強行動のように，できれば継続して維持された方が望ましい場合もあります。この，行動の維持も動機づけの重要なはたらきです。

12-2　動因（drive）と誘因（incentive）
　動機づけは動因と誘因の要因から成り立ちます。動因とは，動機づけにおける内的要因のことです。例えば，空腹，渇きなどです。これらは1次性の動因といいます。一方，誘因とは，動機づけにおける外的要因のことです。例えば，空腹動因に対しては食物，渇き動因に対しては水がそれらにあたります。これらは1次性の強化子にもなります。

12-3　ホメオスタシス（homeostasis）

　私たちには，体内環境（生理的状態）を一定に保つためのはたらきが備わっています。例えば，恒温動物である人間は，体温を一定に保つために，暑い場合は発汗による気化作用によって体温を下げ，反対に寒い場合は筋肉のふるえにより体温を上げます。これは本人の意図に関係ない，不随意的な生理的作用です。また，暑い時には服を脱いだり，寒い時には外部の熱源を求めたりといった行動レベルでも対応します。その他，例えば体内の水分量が不足すれば，生理的な渇き動因が生じ，水分を求める行動が引き起こされます。

12-4　外発的動機づけと内発的動機づけ

12-4-1　外発的動機づけ（extrinsic motivation）

　動物を用いた動機づけ研究では，食物や水を剥奪することにより動因を操作し，それが行動に及ぼす効果を調べます。この場合の動因は第3者である実験者が操作するもの，つまり当事者（動物）からすると，動機づけの原因は自身の外部にあることになります。すなわちこれが外発的動機づけです。

　人間の動機づけにもこの考えが適用された場合は，賞や罰など外発的な要因によって動機づけ状態を操作できると考えられました。これは第11章の学習とも密接に関連します。

12-4-2　内発的動機づけ（intrinsic motivation）

　上述の外発的動機づけはもともと動物実験で得られた知見から，人間の動機づけにまで拡張されたものでした。しかし，私たちの行動は外発的に喚起されるものだけではありません。「不思議だ」「なんだろう」「知りたい」というような自身の内部から生じる動機があります。いわゆる好奇心や関心と呼ばれるものです。これを内発的動機づけといいます。

　デシ（Deci, 1971）は大学生を対象に次のような実験を行い，内発的動機づけが外的報酬によって低下することを示しました。まずは参加者を実験室に案内しこの実験用に用意されたパズル（ソマパズル）をしてもらいました。そしてそのパズルで遊ぶ時間を測定しました。この時はとくに報酬はなかったので，このパズルへの従事は内発的動機づけによるものです。次に参加者は実験群と

12-4 外発的動機づけと内発的動機づけ

統制群に分けられました。実験群はパズルへの従事に対し報酬が約束され実際に報酬が与えられました。一方統制群はそのような約束はしませんでした。最後にふたたび最初と同じ状態に戻されました。ただし，部屋にはパズルの他に数種類の雑誌なども置かれ，とくにパズルをしなくてもよい状況でした。すると，統制群はパズルへの従事時間は変化しなかったのですが，実験群はそれが減少したのです。報酬が与えられたことにより内発的動機づけが減少したこの効果は，アンダーマイニング効果（undermining effect）となづけられました。

デシ（Deci, 1975 安藤・石田訳）はこの効果を説明するために，認知的評価理論を提唱しました。これは以下の3つの命題にまとめられます。

命題Ⅰ「内発的動機づけが影響をこうむりうる1つの過程は，認知された原因の因果律の所在が，内部から外部へと変化することである。これは，内発的動機づけの低下をもたらすであろう。そのようなことが生じるのは，一定の環境においてであり，内発的に動機づけられた活動に従事するのに，人が外的報酬を受け取るような場合である」

命題Ⅱ「内発的動機づけが変化をこうむりうる第2の過程は，有能さと自己決定における変化である。もし，ある人の有能さと自己決定に関する感情が高められるようであれば，彼の内発的動機づけは増大するであろう。もし，有能さと自己決定に関する彼の感情が低減すれば，彼の内発的動機づけも低下するであろう」

命題Ⅲ「すべての報酬（フィードバックを含む）は，二つの側面を有している。すなわち，制御的側面と，報酬の受け手にたいして彼の有能さと自己決定に関する情報を与えるところの情報的側面がそれである。もし制御的側面がより顕現的であれば，それは，認知された因果律の所在のプロセスに変化を始発するであろう。他方，情報的側面の方が比較的に顕現的であれば，有能さと自己決定過程の感情に変化が生じるであろう」（デシ，1980 邦訳より）というものです。

その後，レッパーら（Lepper et al.,1973）により，必ずしも外的報酬が内発的動機づけを低下させるわけではないことが示されました。彼は描画が好きな子ども（つまり描画行動に関して内発的動機づけを有する子供たち）を対象に次のような実験をしました。まず事前に全行動のうちに描画行動の占める割合

を測定した後，以下の3群に子供たちを分けました。報酬予期群は描画をしたら後で報酬をあげると約束し，実際にそうしました。報酬予期なし群は事前に報酬の約束はしませんでしたが，描画行動の後で報酬を与えました。統制群は報酬の約束もしないしまた与えもしませんでした。その後，報酬のない場面に戻したところ，後者2群は依然と同様の描画行動を示しましたが，報酬予期群は描画行動が減少してしまいました。この実験から分かることは，報酬そのものが内発的動機づけを低下させるのではなく，事前にある行動に対する報酬を予期し，実際に与えられることにあるのだということです。この理由は，行動を開始する原因が内部から外部（報酬）に移行してしまうことであると考えられます。

　その後の研究では，アンダーマイニング効果を起こさない条件として，上記のような予期しない報酬が与えられた場合の他に，報酬が言語的な場合（ほめ言葉），もともと課題が興味深いものではない場合が指摘されました（鹿毛，2013）。とくにほめ言葉は内発的動機づけを高めるエンハンシング効果（enhancing effect）をもつことがあります。

12-5　学習性無力感（learned helplessness）
セリグマンの実験
　セリグマンとマイヤー（Seligman & Maier, 1967）は無力感が経験を通して獲得される，つまり学習されることを示しました。その実験では第2段階があり，被験体のイヌが3群に分けられました。いずれのイヌも第1段階ではハーネスで拘束されるのですが，そのうちの2群は予測不能な電気ショックを64回与えられました。ただし1群のイヌは顔面脇のパネルを鼻で押すことでその電気ショックを止めることができましたが（逃避可能群），もう1群の被験体は自分の反応と電気ショックの停止は関係なく，逃避群の電気ショックが止まる時と同時に止まりました（ヨークト群：yoked くびきにつながれたという意味）。これら2群の受けた電気ショックは回数，強度，持続時間とも同一でした。ただ前者は電気ショックに対処可能なのに対し，後者は対処不可能という点だけが違っていたのです。あるいは逃避群は行動と結果に随伴性があったが，ヨークト群にはそれがなかったともいえます。残りのもう1群はこれらの処置

を受けない対照群でした。第2段階ではすべての群がシャトルボックスで電気ショックからの逃避／回避学習を受けました。この装置は真ん中に仕切りのある2部屋からなるもので，一方の部屋に入れられ電気ショックが与えられた時，仕切りをこえてもう一方の部屋に行けば電気ショックから逃避することができる装置です。また，電気ショック到来の10秒前にライトが点灯したのですが，その間に隣の部屋へ行けばショックを受けずに回避することができました。すると逃避可能群と対照群は逃避学習ができたのですが，ヨークト群はこの学習は妨害されたのです。この時のヨークト群の様子は，あたかも逃避することをあきらめた無力状態に置かれたように観察されました。

　この実験の要点は，上記の無気力な状態になることが被験体の先天的な原因によるものではなく，学習性つまり最初の統制不能な電撃を経験したことによるものであるということです。そしてそれがあたかも「自分の行動は無意味だ」という無力感の状態を招いたのです。また，第1段階での経験が第2段階という，違う環境へその効果が持ち越されたことも重要です。つまり，ある場面で対処不可能な経験をしてしまうと，それが別の場面へも影響してしまうのです。

　この現象はその後，人間も含め他の動物でも確認されています（Seligman, 1975　平井・木村監訳 1985）。

12-6　統制の位置（Locus of Control）

　ロッター（Rotter, 1966）は，自身の行った何らかの行動の結果，つまり成功か失敗の原因を外的な要因に求めるか（外的統制），内的な要因に求めるか（内的統制）を統制の位置という概念で捉えました。セリグマンの実験でいうと，無気力状態になったのは外的統制になったことが原因といえます。

12-7　原因帰属（causal attribution）

　ワイナー（Weiner, 1979）は，位置，安定性，そして統制可能性という次元から，成功と失敗に関する原因についてその原因をどこに帰属するかによって，動機づけが影響を受けるという考えを提唱しました。位置とは原因が自分の内部にあるのかそれとも外部なのか，安定性とは短期的に変化しうるのか（不安

表 12-1　ワイナーによる原因帰属要因の分類 (Winer, 1979)

統制可能性	内的 安定的	内的 不安定的	外的 安定的	外的 不安定的
統制不能	能力	気分	課題の困難さ	運
統制可能	通常の努力	一時的な努力	教師の先入観	他者からのまれな援助

注）外的要因の統制可能性については未解決な部分もある

定的）しないのか（安定的），統制可能性とはその原因を自分で統制できるかどうか，ということです。

　このうち，統制の位置の次元は感情に影響します。例えば，成功の結果を内的要因に帰属すれば誇りの感情が生じます。あるいは失敗の場合は恥（能力帰属）や罰（努力帰属）の感情が生じます。一方，安定性の次元に帰属した場合は，その後の期待に影響します。安定次元に帰属すれば次も同じ結果になるという期待が生じますが，不安定次元に帰属した場合は，そうとは限りません。

　この考えのポイントの1つは，失敗した時の原因帰属にあります。成功した時に，内的な能力か努力か，どちらに帰属しても「次も成功するだろう」となり，動機づけは維持されるでしょう。能力であれば「自分は能力があるから次も成功するだろう」となりますし，努力であれば「努力すれば次も成功するだろう」となるからです。では失敗した時はどうでしょうか。失敗の原因を安定的な能力に帰属すると，「能力がないから次も失敗するだろう」となりますが，不安定的な「一時的な努力」に帰属すれば「次は努力すれば成功するかもしれない」となり，動機づけが低くなることはないかもしれません。すなわち，努力帰属の方が動機づけが低下しないということになります。

12-8　目標達成理論

　ドゥウェック（Dweck, 1986）は，ある人の知能観と達成目標の関係から，達成行動が変わることを提唱しました。表12-2にある知能の理論とは，ある人が知能をどう捉えるかという知能観の意味です。知能は固定的だと考える人（固定理論）は遂行目標をもつようになり，もし自分の能力を高いと考えていればポジティブな評価を得ようとするためマスタリー志向になりますが，低いと

表 12-2　達成目標と達成行動 (Dweck, 1986)

知能の理論	目標の方向	現在の能力における確信	行動パターン
固定理論 (知能は固定的だ)	遂行目標 (目標はポジティブな評価を得るまたはネガティブな評価を避ける)	もし高ければ → しかし もし低ければ →	マスタリー志向 ・挑戦を求める ・高い持続性 無力感 ・挑戦を避ける ・低い持続性
増大理論 (知能は変化しうる)	学習目標 (目標は能力の増大)	もし高ければ → あるいは もし低ければ ↗	マスタリー志向 ・挑戦を求める 　(知能を育成する) ・高い持続性

考えているとネガティブな評価を避けようとして無力状態になります。

　それに対し，知能は変化しうると考える人（増大理論）は，学習目標をもつことから目標は自分の能力を増大させることになります。もし自分の能力を高いと考えればマスタリー志向になります。そしてもし低いと考えていても，能力の増大が目標なわけですから，やはりマスタリー志向になるのです。

　オームロッド（Ormrod, 1995）は学習目標をもつ人と遂行目標をもつ人の違いを表 12-3 のようにまとめています。

12-9　自己効力（self-efficacy）

　バンデューラ（Bandura, 1977）は，ある人が「自分にはその行動をすることができるか」という自己効力を図 12-1 のように示しました。

　効力期待は，自分がある行動をすることができるだろうという，自分自身に関する期待のことです。結果期待は，ある行動をすれば，ある結果が得られるであろうという期待です。結果期待があっても上述の効力期待が本人になければ，その行動は生じません。例えば，「試験勉強をしっかりすれば，いい得点が取れるであろう」という結果期待があっても，「自分にはそればできる」という効力期待がなければ，勉強行動は生じません。しかし，その効力期待があれば自己効力となり，勉強行動が生じるのです。

表 12-3 学習目標をもつ人と遂行目標をもつ人の違い （Ormrod, 1995）

学習目標をもつ人は	遂行目標をもつ人は
能力は練習や努力を通して時間をかけ発達すると信じる	能力は固定した特質と信じ（人は素質をもっているかいないかのどちらかである），有能な人は大して努力する必要はないと考える
学習のための機会を最大にする課題を選ぶ	能力を証明する機会を最大にする課題を選び，自分が無能であると見られてしまうかもしれない課題をさける
簡単な課題に対しては，退屈と失望感情を持って反応する	簡単な課題の成功に対して，誇りとの安心の感情を持って反応する
講義材料を学習するのに，より内発的に動機づけられる課題について多大な努力を費やす	より外発的に動機づけられる―つまり外的強化と罰を期待する 成功するのに最小限の努力しか費やさない
講義材料について本当の理解を引き起こす学習方略を用いる（例えば，有意味学習，精緻化，理解モニタリング）	講義材料の機械的学習を引き起こす学習方略を用いる（例えば，反復，複写，単語ごとの記憶）
自分の能力を正確にあらわし，またをそれらを向上させるフィードバックを求める	自分を得意にさせるフィードバックを求める
自分がした進歩によって，自分の遂行を評価する	他人といかに比較するかによって，自分の遂行を評価する
間違いを，通常にあることで有益なものとみる。そして，遂行を向上させるために間違いを利用する	失敗と無能さのサインとして間違いをみる
たとえ努力が失敗に終わっても，一生懸命努力し進歩したことで，自分の遂行に満足する	成功したときだけ，自分の遂行に満足する
もっと努力が必要だというサインとして失敗を解釈する	能力の低さのサインとして失敗を解釈し，今後も失敗すると予測する
失敗してもあきらめない	失敗すると簡単にあきらめ，前に失敗した課題は避ける
自分の学習を助ける源であり，導くものとして，教師をみる	判断者として，そして報酬や罰を与える者として，教師をみる
生徒として，学校活動に熱心である	生徒として，学校の環境から距離を保つ

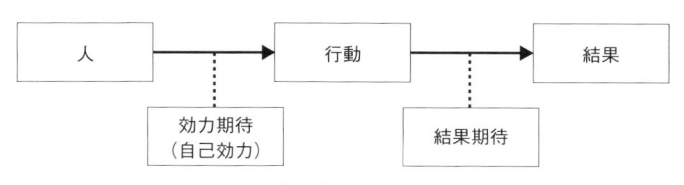

図 12-1 自己効力 （Bandura, 1977）

12-10 欲求階層説

　人間性心理学の立場のマズロー（Maslow, A）は，人間の欲求の階層性を提唱しました。「衣食足りて礼節を知る」といいますが，階層説ではまず下位の欲求が満たされて，次の上位の欲求が現れると考えます。つまり，「食べる，飲む」という生理的欲求が満たされて，次の「安全でいたい」という欲求が出てくるのです。さらに他者に愛されある集団に所属したいという欲求，他者に承認されたいという欲求，そして最終的に自己実現の欲求が現れます。これらのうち，生理的欲求から承認欲求まではすべての人にあてはまり，それらが満たされないと生じる欲求なので「欠乏欲求」と呼ばれます。それに対し，最上位の「自己実現」は一部の人にのみ生じる欲求で「成長欲求」と呼ばれます。

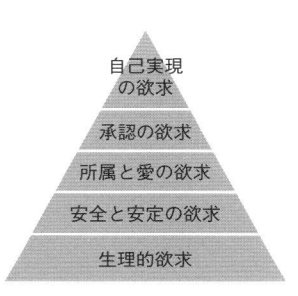

図12-2　欲求階層説

学びのポイント

1) 報酬により内発的動機づけが低下するのはどのような場合でしょうか。
2) 無力感を抱いてしまうのは，自分の行動とその結果にどのような関係がある時でしょうか。
3) あなたは何かに失敗した時，その原因をどのように考えるでしょうか。またそれはその後の動機づけにどのような影響をもっているでしょうか。

文　献

Bandura, A. (1977). Self-efficacy: Toward a unifying theory of behavior change. *Psychological Review, 84*, 191-215.

Deci, E. L. (1971). Effects of externally mediated rewards on intrinsic motivation. *Journal of Personality and Social Psychology, 18*, 105-115.

Deci, E. L. (1975). *Intrinsic motivation*. New York: Plenum.（安藤　延男・石田　梅男（訳）(1980). 内発的動機づけ―実験社会心理学的アプローチ―　誠信書房）

Dweck, C. S. (1986). Motivational processes affecting learning. *American Psychologist*,

41, 1040-1048.
鹿毛 雅治 (2013). 学習意欲の理論　金子書房
Lepper, M. R., Greene, D., & Nisbett, R. E. (1973). Undermining children's intrinsic interest with extrinsic reward: A test of the "overjustification" hypothesis. *Journal of Personality and Social Psychology, 28*, 129-137.
Ormrod, J. E. (1995). *Human learning* (2nd ed.). New Jersey: Prentice Hall.
Rotter, J. B. (1966). Generalized expectancies of internal versus external control of reinforcements. *Psychological Monographs, 80*, 1-28.
Seligman, M. E. P. (1975). *Helplessness: On depression, development, and death.* San Francisco, CA: Freeman.（平井 久・木村 駿一（監訳）(1985). うつ病の行動学――学習性絶望感とは何か――　誠信書房）
Seligman, M. E. P., & Maier, S. F. (1967). Failure to escape traumatic shock. . *Journal of Experimental Psychology, 74*, 1-9.
Weiner, B. (1979). A theory of motivation for some classroom experiences. *Journal of Educational Psychology, 71*, 3-25.

第13章 脳の構造と機能

13-1 脳の構造と機能
13-1-1 神経細胞（ニューロン）

脳は大脳では約140億，小脳では約1000億の神経細胞（ニューロン）からなる臓器で，成人では平均1,400gあります。発生的には脳神経系は外胚葉由来です。

1つ1つの神経細胞には細胞体，樹状突起，軸索と，軸索の先端の神経終末があります（図13-1）。軸索は数mm（ミリ）のものもあれば1m（メートル）に及ぶものもあります。神経終末は他の神経細胞の細胞体や樹状突起とわずかなすき間で隣接しており（シナプス），多数の神経細胞がネットワークを作って情報の伝達と処理を行っています。

情報の伝達は，電気的インパルス（活動電位）によって行われます。活動電位は，神経細胞の膜の電気的興奮性により生じ，軸索の周囲に髄鞘がある有髄神経では，ランビエの絞輪という髄鞘の切れ目で起こります。電気的興奮がランビエの絞輪を飛び飛びに伝わるので（跳躍伝導），有髄神経は髄鞘のない無髄

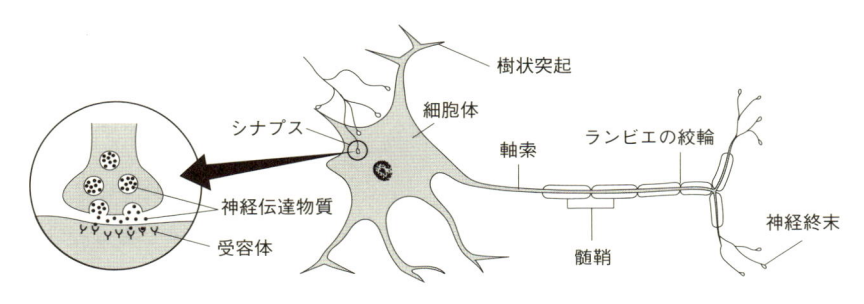

図13-1 神経細胞とシナプス

神経よりも伝導速度が速くなります。

　ただし，隣接する細胞には直接電気的な信号が伝わるのではなく，シナプス間で神経伝達物質のやりとりが行われ，それがさらに隣の神経細胞の活動電位を生じる，という形で伝わってゆきます（一部，例外はありますが）。代表的な神経伝達物質にはノルアドレナリン，セロトニン，ドーパミン，アセチルコリンなどがあります。

　より具体的には，活動電位が神経終末（前シナプス側）に達すると，神経終末から神経伝達物質が放出されます。神経伝達物質がすき間の向こうの神経細胞の受容体（後シナプス側）に結合すると，後シナプス電位が発生し，細胞内の二次メッセンジャー（細胞の代謝や変化に関与する情報伝達物質）がはたらきます。受容体に結合した神経伝達物質は，その後，不活性化されます。

　この時発生する後シナプス電位には，興奮性と抑制性のものがあります。また，1つの神経細胞は，複数の神経細胞の神経終末と複数のシナプスを作ります。神経細胞は，こうした後シナプス電位を重ね合わせて統合し，その総和が閾値を超えると活動電位を生じます。後シナプス電位はアナログ信号で，信号の強さは電位の大きさとして捉えられます。これに対して，活動電位はデジタル信号で，信号の強さは電気的インパルスの頻度として捉えられます。

　一方，放出されたが受容体に結合しなかった神経伝達物質は，前シナプスに再取り込みされ，シナプス小胞に貯蔵されます。再取り込みされた神経伝達物質は，次回，活動電位が神経終末に届くと，再度放出されます。

　以上のような現象が，隣接する神経細胞間で次々と起こります。こうして，神経細胞はシナプス結合により神経回路を作り，神経細胞で活動電位が生じることで情報が伝達され，ネットワークとして情報を処理します。

13-1-2　脳機能の3層構造

　脳は機能的には，大まかには3層構造になっています（図13-2）。

　一番内側には生命維持に関係する脳幹があります。脳幹の外側には情動と記憶に関係する大脳辺縁系があります。そして，それら全体を大脳新皮質が覆っています。系統発生的には，脳幹は鳥や爬虫類や魚の脳に，大脳辺縁系は哺乳類の脳にたとえられ，大脳新皮質はヒトにおいて高度に発達した，もっともヒ

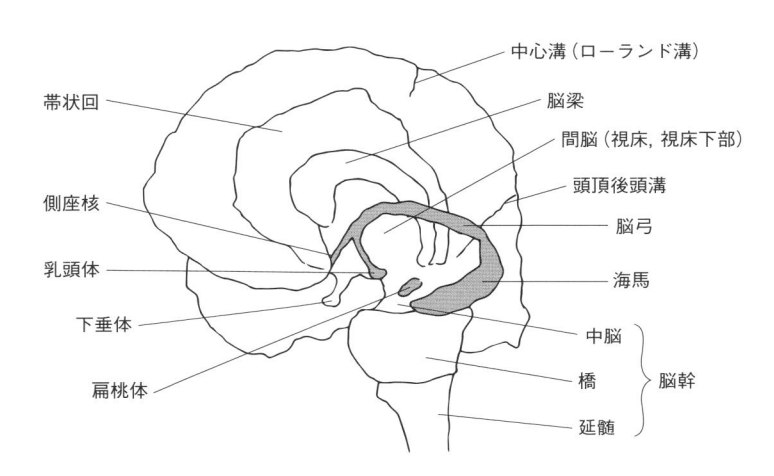

図 13-2　左前方から見た脳の概略（右大脳半球，左半球辺縁系，脳幹）
　　　　注）グレーの部分は左半球側。

トらしい脳です。大脳新皮質の神経細胞は 6 層からなります。

　脳幹は，中脳，その下部の橋，さらにその下部の延髄からなり，延髄の下部は脊髄に続いています。脳幹には呼吸や循環を維持する中枢（延髄），および，覚醒水準を調節する機構があります。第 III から第 XII までの脳神経の核も脳幹にあり，対光反射や眼球運動，舌や顔の動きに関係します。また，縫線核からはセロトニン神経系が，青斑核からはノルアドレナリン神経系が，脳の広汎な領域に連絡しています（これを投射といいます）。中脳は姿勢や運動に関係します。

　中脳の上部には間脳（視床，視床下部）があり，視床を大脳基底核と大脳辺縁系が取り囲んでいます。視床の前下方には視床下部が，視床下部の前下方には下垂体があります。視床は感覚の中継地点で，末梢からの入力を大脳皮質に出力します。視床下部は摂食（空腹・満腹），飲水・体温調節，自律神経調節，下垂体のホルモン分泌調節に関与します。下垂体は前葉と後葉に分かれ，種々のホルモンを分泌します。

　大脳辺縁系は海馬，扁桃体，脳弓，帯状回（帯状皮質），乳頭体などからなります（図 13-3）。辺縁系は情動や記憶に関係し，中でも扁桃体は快・不快（恐怖）に，海馬は記憶に関係します。辺縁系の情報は間脳（視床，視床下部），下

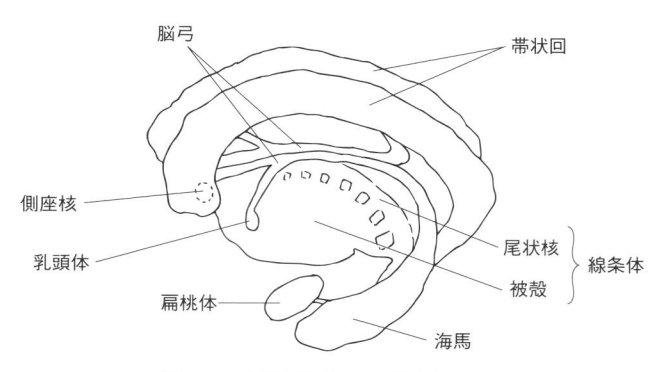

図13-3 大脳辺縁系と大脳基底核の一部

垂体に伝えられ，自律神経やホルモン分泌に影響します。ストレスがかかると自律神経やホルモンのバランスが乱れるのはこのためです。

この他，脳の後部下方には運動の調節（巧緻性）や手続き記憶に関係する小脳があります。

13-1-3　大　　脳

　大脳は左右一対の大脳半球からなり（その間をつなぐのが脳梁です），言語中枢のある側を優位半球，ない側を劣位半球といいます。右手が利き手の場合は90%以上で，左手が利き手の場合でも60〜70%で，優位半球は左大脳半球にあります。言語中枢にはブローカ中枢，ウェルニッケ中枢，角回，縁上回などがあります。なお，ここからは，優位半球を左半球として記載します（図13-4）。

　大脳は折り畳み構造になっていて，隆起した部位を脳回，へこんだ溝を脳溝といいます。また，脳溝により区別される脳の大きな部位を脳葉といいます。

　大脳は大まかには前頭葉，頭頂葉，後頭葉，側頭葉の4つの部位に分かれています。前頭葉と頭頂葉の間には中心溝（ローランド溝）があり，頭頂葉と後頭葉の間には頭頂後頭溝があります。側頭葉は外側溝（シルヴィウス溝）で前頭葉や頭頂葉から区分けされます。

　また，大脳は大脳皮質，大脳髄質，大脳基底核に分けられます（図13-5）。大脳の表面には細胞体があり，皮質（灰白質）と呼ばれます。皮質の内側には神経線維（軸索）の集まりである髄質（白質）があります。先に述べた脳梁も軸

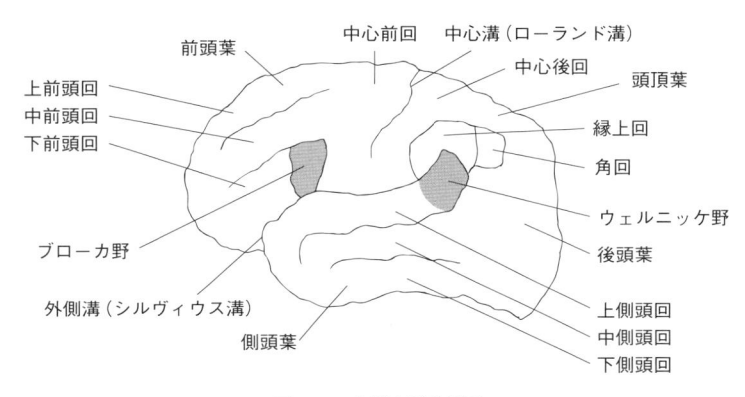

図13-4 大脳皮質外側面

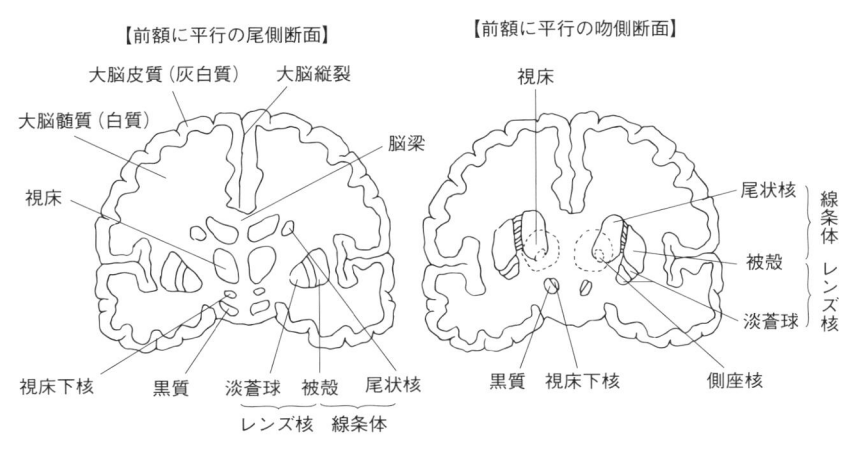

図13-5 大脳皮質，大脳髄質，大脳基底核（前額と平行の断面）

索の集まりで，左右の脳半球間で情報のやりとりをする経路となります。さらに内側には神経細胞の核が集まった基底核があります。

　基底核にはレンズ核（被殻と淡蒼球），線条体（被殻と尾状核），側坐核などがあります。大脳基底核は前頭葉と密接な関連をもち，身体の動き（運動）や高次脳機能と関係しています。また，側坐核や前頭葉には中脳からドーパミンA10神経の入力があります。この経路は報酬系と呼ばれ，快感や期待に関係し

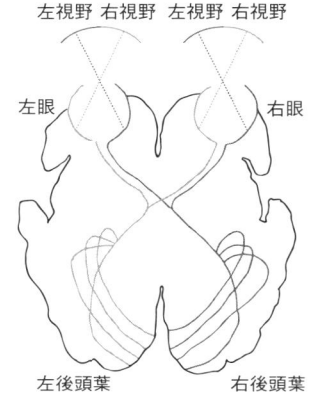

図13-6 左右空間からの視覚情報

ています。

　大脳皮質は感覚情報を入力し、情報を分析して行動や運動として出力しますが、その際、直接入出力に関与する部位を一次野、一次野の周辺の情報処理をする部位を連合野といいます。前頭葉は運動、頭頂葉は体性感覚（触覚など）、後頭葉は視覚、側頭葉は聴覚の情報を処理します。体の筋肉を動かす一次運動野は中心前回（中心溝のすぐ前方の前頭葉）、体性感覚が直接入る一次体性感覚野は中心後回（中心溝のすぐ後方の頭頂葉）、一次視覚野は鳥距皮質（後頭葉内側の鳥距溝周辺）、一次聴覚野は側頭葉ヘシェル回（シルヴィウス溝の下壁をなす側頭葉）にあります。

　左右空間からの視覚情報や（図13-6）、左右身体からの感覚情報（体性感覚）は、左右反対側の脳半球に入力されます。また、動作や運動は、一次運動野から左右反対側の身体に出力されます。一次運動野の出力や一次体性感覚野の入力は身体の各部と対応しており、脳の中の小人にたとえられてホムンクルスと呼ばれます（図13-7）。手や顔の領域が大きいことが分かります。

　前頭葉の前部領域は前頭前野（前頭前皮質）と呼ばれ、注意、意欲、自発性、創造性、高等感情（倫理・道徳、社会性に関する感情）に関係します。また、遂行機能（実行機能）やワーキングメモリにも関係しています。精神活動を知・情・意に分けるなら、意志や意欲は前頭前野や側坐核および前部帯状回と関連があります（情動や感情は扁桃体や視床下部に、知性の中でも記憶や認識は海馬や大脳新皮質と関連があります。辺縁系はいろいろな形で重要な役割を担っていることが分かります）。

　後頭葉の視覚情報は、腹側皮質視覚路（腹側ストリーム）と背側皮質視覚路（背側ストリーム）により情報伝達されます。腹側視覚路は内側側頭葉や大脳辺縁系に連絡し、視覚対象の形態、色、相貌などの認知に関係します。背側視覚路は頭頂葉に連絡し、視覚対象の空間性の認知に関係します。この2つの経路により、どこに何があるかが分かるようになります。

図13-7 ホムンクルス

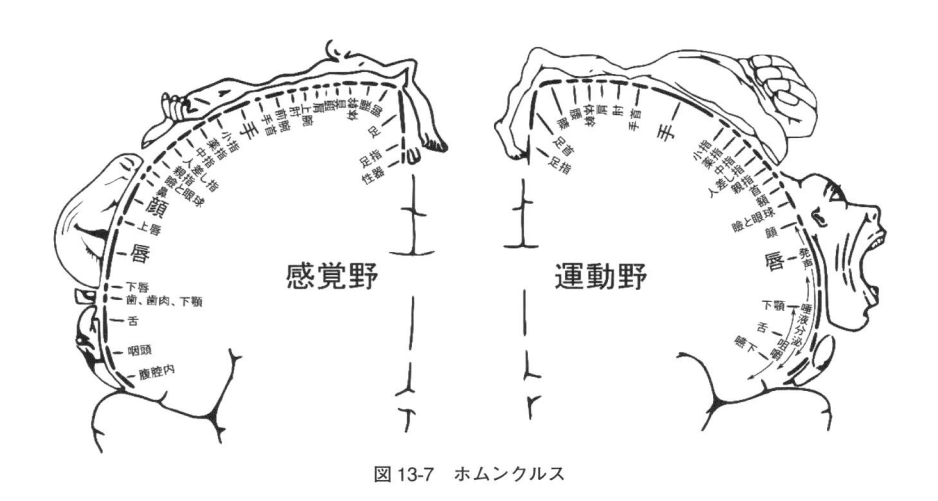

13-2 高次脳機能障害（大脳巣症状，脳局在徴候）

　大脳が脳血管障害，脳変性疾患，脳腫瘍，頭部外傷などで器質的に損傷を受けると，その部位に対応した機能が損なわれて，認知・行動上の障害が現れます。これを大脳巣症状，脳局在徴候，高次脳機能障害などと呼びます。大脳巣症状は原因となる病気にかかわらず，病巣部位に応じて，同じ部位が障害されると同じ症状が出現します。

　なお，学術用語としての高次脳機能障害は，失語，失行，失認，記憶障害，遂行機能障害（実行機能障害）など，脳損傷による認知障害全般を含みます（つまり，大脳巣症状や脳局在徴候と同じ意味です）。しかし，行政用語としての高次脳機能障害のように，支援対策推進の観点から，病気や外傷の発症後，身体の機能障害は軽度であるにもかかわらず社会生活や日常生活への適応が困難となる一群の者が示す，見すごされやすい認知障害（記憶障害，注意障害，遂行機能障害，社会的行動障害など）を指す場合もあります。

13-2-1 局在論と全体論

　大脳の特定の部位と特定の機能を対応させる考えかたを局在論といい，一方，脳全体として機能に対応しているという考えかたを全体論といいます。現在，

運動や感覚などの比較的単純な機能については，脳の局在が確認されています。

しかし，意識，判断，意志決定などの高度な機能に，どの程度機能局在が成り立つのかは未だ不明です。また，脳には可塑性があり，乳幼児では脳の損傷を受けても他の脳部位がある程度代償することは，単純な局在論では説明できません。

大脳皮質は発達・学習を通して部位に応じた機能が分化し（局在論），さまざまな部位がネットワークを作って機能的回路を形成し情報処理を行っている（全体論）。脳には局在論と全体論の両方の側面があります。

13-2-2 失　　語

失語とは，大脳の言語領域の器質的変化にもとづく言語の理解と発話の障害で，いったん獲得された言語能力が障害されることをいいます。構音障害（発話に関する器官の運動障害によりうまく話せない状態）や，精神障害によって生じる言語の障害（失声，緘黙，精神病状態によるものなど）とは区別されます。原因としては，脳梗塞や脳出血などの脳血管障害によるものと，脳変性性認知症（アルツハイマー病や前頭側頭葉変性症など）によるものが大半を占めます。

①失語の分類

失語の臨床類型分類にはさまざまなものがありますが，ウェルニッケーリヒトハイムの失語図式（図13-8）は，大まかに失語類型の特徴を捉えるのに役立

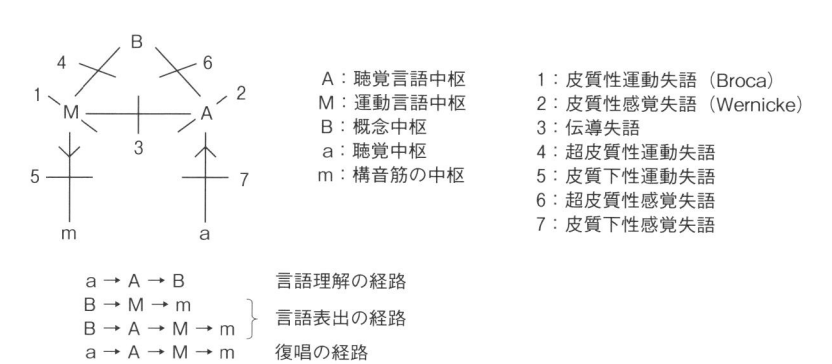

A：聴覚言語中枢　　1：皮質性運動失語（Broca）
M：運動言語中枢　　2：皮質性感覚失語（Wernicke）
B：概念中枢　　　　3：伝導失語
a：聴覚中枢　　　　4：超皮質性運動失語
m：構音筋の中枢　　5：皮質下性運動失語
　　　　　　　　　　6：超皮質性感覚失語
　　　　　　　　　　7：皮質下性感覚失語

a → A → B　　　言語理解の経路
B → M → m　　 ｝言語表出の経路
B → A → M → m
a → A → M → m　復唱の経路

図13-8　ウェルニッケーリヒトハイムの失語図式（西村ら，1996）

ちます。

②運動失語と感覚失語

運動失語とはブローカ中枢（左下前頭回弁蓋部・三角部）の病変により生じる失語で，言葉の表出（発話）の障害が中心です。病巣部位（ブローカ中枢）との位置関係から，右片麻痺を伴うことが多くみられます。

感覚失語とはウェルニッケ中枢（左上側頭回後部）の病変により生じる失語で，言葉の受容（理解）の障害が中心です。病巣部位（ウェルニッケ中枢）との位置関係から，右1/4同名半盲を伴うことがあります。

③その他の失語

伝導失語はウェルニッケ中枢とブローカ中枢の連絡（左縁上回弓状束）が障害されて生じる失語で，その特徴は復唱の障害です。全失語とは言語の理解，発話とも重度に障害された状態で，残されたわずかな言葉（残語）だけが反復されます。健忘失語では，自発語や呼称の際に喚語困難（語健忘）がみられ，迂言となります。感覚失語の回復期にみられることがあります。

13-2-3　失　行

失行とは，運動の麻痺や失調がなく，行うべき行為も理解しているのに，運動や動作を正しく行えない状態をいいます。道具をうまく使えない，他人の行為の真似ができない，慣習的身振り（例えば，バイバイと手を振る）ができない，などの現れかたをします。主として頭頂・後頭領域の障害で起こります。肢節運動失行，観念運動失行，観念失行，構成失行，着衣失行，口部顔面失行などがあります。

13-2-4　失　認

失認では，要素的な知覚の障害はないのに，対象を認識できなくなります。一次感覚野は保たれていて感覚の受容はできるのに，それが何を意味するのかが分からない状態です。障害される感覚様式や，知覚対象によって，視覚失認（物体失認，相貌失認，色彩失認），視空間失認，聴覚失認，触覚失認，身体失認，疾病失認（病態失認）などに分けられます。

視空間失認の1つである半側空間失認（半側空間無視）では，頭頂葉の病巣

により視野の半分の空間を無視します。

13-2-5　記憶障害

記憶障害には健忘と記憶錯誤があります。

健忘とは過去の出来事や知識を思い出せないことで（広義の健忘），発症時点以後のことを記憶できないのを前向健忘，発症時点以前にさかのぼって記憶を思い出せないのを逆向健忘といいます。コルサコフ症候群，一過性全健忘，全生活史健忘など，器質性，非器質性いずれの場合もあります。

再認が障害されると記憶錯誤となります。ただし，健常者の記憶も感情や願望によって修飾されます。実際にあった出来事が変形されて思い出されるのが誤記憶，なかった出来事が思い出されるのが偽記憶です。また，はじめてなのに以前みたような気がするのを既視感（デジャ・ヴュ），以前みているのにはじめてのような気がするのを未視感（ジャメ・ヴュ）といいます。既視感も未視感も，健常者でもみられます。

13-2-6　意識障害

①意　　識

心理学で用いられる「意識」という言葉には，内省感覚としての意識（「意識している」「自意識」という時の意識で，対語は無意識）と，覚醒している状態としての意識（「意識レベル」という時の意識で，これが障害されると意識混濁）の，大きく分けて2つの意味があります。また，意識が捉えることができる範囲を意識野，意識野に捉えられた内容を意識内容といいます。

②睡　　眠

生理的な（正常な）覚醒水準の変化は睡眠-覚醒のリズムを作ります。覚醒の維持には上行性網様体賦活系やモノアミン作動性ニューロン（セロトニンやノルアドレナリンの広汎性投射系）が関係するといわれています。また，オレキシンという神経ペプチドも関係しています。

睡眠は睡眠深度によりStage1～4まで4段階に分けられる徐波睡眠（非REM睡眠）とREM睡眠からなります。REM睡眠では急速眼球運動（Rapid Eye Movement: REM）が起こり，ストーリー性のある夢をみて覚醒時に似た

脳波となりますが，筋緊張は低下しています。通常，眠りはじめは徐波睡眠で，睡眠深度が深まった後突然浅くなり，REM 睡眠が始まります。こうした約 90 〜 120 分の周期が，一晩に数回繰り返されます。

③意識の障害

意識の障害には清明さ（意識混濁），広がり（意識狭窄），質（意識変容）の 3 つの側面があります。

意識混濁は意識水準の低下で，軽度のもの（明識困難）から重度のもの（昏睡）まで，さまざまな段階があります。日本昏睡尺度 Japan Coma Scale（JCS）（表 13-1）やグラスゴー昏睡尺度 Glasgow Coma Scale（GCS）（表 13-2）を用いて，意識混濁の程度を数値であらわすことが行われます。意識混濁では，脳波検査で脳波の徐波化（α 波よりも遅い，θ 波や δ 波）がみられます。

意識狭窄は意識される範囲（意識野）が狭くなることです。なお，健常者も催眠下では意識が狭窄します。

意識変容は意識の内容が変化し，幻覚，錯覚，不安，困惑，興奮などが加わった状態です。通常，背景に意識混濁があり，その場合はせん妄と呼ばれます。

表 13-1　日本昏睡尺度（太田ら，1974 をもとに作成）

I．刺激しないでも覚醒している状態（1 桁で表現）	
1．だいたい意識清明だが，今ひとつはっきりしない	(1)
2．見当識障害あり	(2)
3．自分の名前，生年月日がいえない	(3)
II．刺激すると覚醒する状態（2 桁で表現）	
1．普通の呼びかけで容易に開眼する	(10)
2．大きな声または体を揺さぶることにより開眼する	(20)
3．痛み刺激を加えつつ呼びかけを繰り返すとかろうじて開眼する	(30)
III．刺激をしても覚醒しない状態（3 桁で表現）	
1．痛み刺激に対し払いのけるような動作をする	(100)
2．痛み刺激で少し手足を動かしたり，顔をしかめる	(200)
3．痛み刺激に対して反応しない	(300)

その他，以下の情報があれば付記する
R：Restlessness（不穏）　　I：Incontinence（失禁）　　A：Akinetic mutism または Apallic state（無動無言症または失外套状態（脳幹または広汎な大脳皮質の障害により自発的な運動や発語のない状態））

表 13-2　グラスゴー昏睡尺度 (Teasdale & Jennett, 1974 をもとに作成)

		評点
開眼 (eye opening: E)	自発的に	4
	言葉により	3
	痛み刺激により	2
	開眼しない	1
言葉による応答 (best verbal response: V)	見当識あり	5
	錯乱状態	4
	不適当な言葉	3
	理解できない言葉	2
	発話なし	1
運動による最良の応答 (best motor response: M)	命令に従う	6
	痛みに対して手足をもってくる	5
	痛みに対して四肢の屈曲（逃避）	4
	痛みに対して四肢の異常屈曲（除皮質姿勢）	3
	痛みに対して四肢伸展（除脳姿勢）	2
	全く動かさない	1

13-2-7　注意障害

　注意の障害では，注意を目的とするものにしっかりと向ける（注意の選択），注意を維持する（注意の持続），2つ以上の対象に注意を分割して向ける（注意の配分），注意を別のものに新たに向ける（注意の転換）などが難しくなります。

　意識障害がない場合，注意障害は前頭葉機能の低下と関係しています。しかし，心配事や睡眠不足でも注意力は散漫になります。

13-2-8　遂行機能障害（実行機能障害）

　遂行機能とは，目標を立て，目標を達成するための計画を立案し，目標に向けて計画に沿って行動を実践し，より効果的にできるように行動を修正する一連のプロセスです。遂行機能には前頭前野が関与しています。

　遂行機能が障害されると，目的をもった一連の行動ができなくなります（行為を開始できない，行為の変更ができない，行為を止められない，行為が続かないなど）。日常生活や仕事・学業で支障がみられるのに，知覚，運動，記憶，認知などの要素的な機能の障害はみられないので，見落とされがちな障害です。認知症，統合失調症，発達障害などで，遂行機能の障害がみられます。

13-2-9 認知症

認知症とは，いったん発達した知的能力が脳の損傷により低下した状態をいいます。脳血管性と脳変性性に大別されます。認知症の原因となる代表的な疾患を表13-3に示します（治療可能な認知症も含めます）。老年期のうつ病は，一見，認知症のような状態を呈することがあります（仮性認知症）。また，認知症の初期にうつ状態が現れることもあります。

表13-3　認知症を呈する代表的な疾患

脳変性疾患	アルツハイマー病，レビー小体病，前頭側頭変性症，パーキンソン病，ハンチントン病
脳血管障害	脳出血，脳梗塞，慢性硬膜下血腫
感染症	HIV脳症，クロイツフェルト・ヤコブ病，BSE（牛海綿状脳症），梅毒（進行麻痺）
内分泌・代謝疾患	甲状腺機能低下症，ビタミン欠乏症
その他	アルコール・薬物，正常脳圧水頭症，脳腫瘍およびその術後，脳外傷

13-3　神経生理学検査と脳画像検査

①脳　　波

神経細胞の活動を，頭皮上の電極で電気的に捉えて記録したものが脳波です。脳波検査により，脳の活動状態が分かります。脳波検査は空間的解像能（脳のどの部位かの特定）は画像検査に劣りますが，時間的解像能がすぐれています。

脳波の成分はその周波数により α 波（8～13Hz未満），β 波（13Hz以上），θ 波（4～8Hz未満），δ 波（4Hz未満）に分けられます（図13-9）。安静覚醒閉眼時には後頭部を中心に α 波が出現し，脳の活動時（例えば暗算時）には β 波が優位となります。睡眠は生理的な（正常）覚醒水準の変化です。

脳波検査はてんかん，意識障害，せん妄，認知症などの病気で異常を示します。てんかん性の異常波は過呼吸や点滅する光刺激で出現しやすくなります。

②誘発電位

自発的な脳の活動ではなく，脳に刺激を加えた時の脳の反応を脳波で捉えたものが誘発電位です。1回の誘発電位はわずかな電位で検出できませんが，刺激の時点をそろえて繰り返し加算すると，自発電位は平均化されて平坦化し，

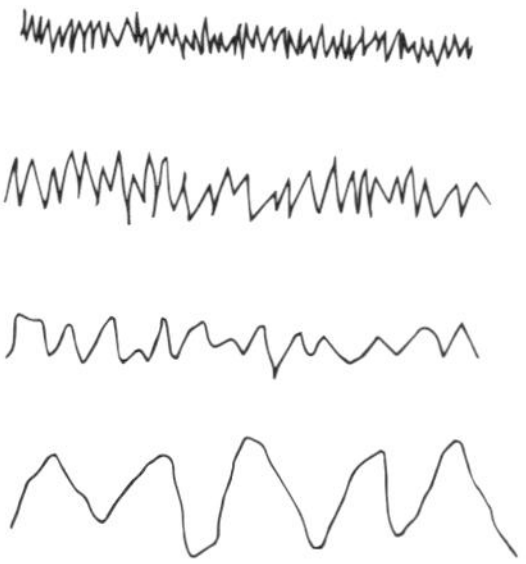

β波（13Hz以上）

α波（8〜13Hz未満）

θ波（4〜8Hz未満）

δ波（4Hz未満）

図 13-9　脳波

誘発電位は加算されて検出できるようになります。刺激の違いにより，視覚誘発電位，体性感覚誘発電位，聴性脳幹反応などがあります。

　精神作業を課した時に誘発される電位変動が事象関連電位です。しばしば，潜時 300 ミリ秒の陽性電位（P300）が用いられます。

③脳磁図

　神経細胞の電気活動による磁場の変化を捉えたのが脳磁図です。脳波検査よりも深部や，限局した脳の部位の活動状態が分かります。

④ CT（コンピューター断層撮影）と MRI（磁気共鳴画像）

　CT は X 線を多方面から照射し，コンピューターで撮影結果を合成処理したものです。MRI は強い磁場の中で生じる水素原子の信号を画像化し，合成処理したものです。CT も MRI も，脳の形態についての情報を与えてくれます（脳解剖画像）。水平面，冠状面（前額面），矢状面の 3 方向の画像があります。

⑤ SPECT（単光子放射コンピューター断層撮影）と PET（陽電子放射断層撮影）

　SPECT も PET も放射線同位元素を含む薬品を血中投与し，γ線を検出してコンピューターで画像化したものです。SPECT では血流量を，PET では酸素消費量やブドウ糖代謝量を反映した画像が得られるので，脳の局所的な機能の亢進や低下が視覚的に捉えられます（脳機能画像）。

⑥ fMRI（機能的磁気共鳴画像）

　MRI を利用して，脳の血流量を反映した脳機能画像を得るのが fMRI です。fMRI のおかげで，脳の部位と機能の関連を調べる研究が飛躍的に進歩しまし

⑦ NIRS（近赤外線スペクトロスコピー，光トポグラフィー）

近赤外線はヘモグロビンに吸収されるので，この性質を利用して血流を測定するのが NIRS です。NIRS では近赤外線を頭皮から照射し，反射して戻ってきた近赤外線を分析して，頭皮から約 2cm の血流を測定します。脳の局所的な機能の亢進や低下が視覚的に捉えられます。

学びのポイント

■ キーワード

大脳新皮質，大脳辺縁系，脳幹，前頭葉，頭頂葉，後頭葉，側頭葉，運動失語，感覚失語，失行，失認，記憶障害，意識障害，認知症

■ 小テスト

1) 脳を機能的，系統発生的に 3 つの領域に区分すると，どの様に分かれ，それぞれどのようなはたらきを担っていますか？
2) 大脳皮質の構造について，以下の（ア）から（コ）にあてはまる言葉は？
　　大脳皮質の（ア）葉と（イ）葉の間には（ウ）溝（またの名をローランド溝）がある。大脳皮質のはたらきは，（ウ）溝に隣接する前方の領域は（エ）に，隣接する後方の領域は（オ）に関係する。
　　（イ）葉と（カ）葉は（キ）溝により分けられ，（キ）溝より後部の（カ）葉は視覚に関係する。
　　（ク）溝（またの名をシルヴィウス溝）により，聴覚に関係する（ケ）葉が区切られる。
　　左右の大脳半球は大脳縦裂により分けられ，（コ）が左右の半球を連絡する。
3) 大脳皮質の側面図に，一次運動野，一次体性感覚野，言語野（ブローカ野，ウェルニッケ野，角回，縁上回）を描いてください。

文　献

西村 健・志水 彰・武田 雅俊（編）(1996). 臨床精神医学　南山堂

太田 富雄・和賀 志郎・半田 肇他（1974）. 意識障害の新しい分類法試案―数量的表現（Ⅲ群3段階方式）の可能性　脳神経外科, 2, 623-627.

Teasdale, G., & Jennett, B. (1974). Assessment of coma and impaired consciousness: A practical scale. *Lancet, 2*, 81–84.

第14章 社会心理学 I
社会を個人はどうみているのか？

　第14章からは，社会心理学の内容を紹介していきます。人間が物理的世界をコピーしたように認識していないように，現実の社会についても，ありのままに認識しているわけではありません。人間の意識や感情によって構築された世界のことを社会的現実と呼びます。この社会的現実を構築している心の仕組みから，人々の社会の見方について学んでいきます。

14-1　社会的推論

　人々が社会の中でさまざま選択や決定を行う際にどのような特徴があるのでしょうか？　実際，客観的な事実に従って合理的な選択が行われたり，物事が生じた原因を適切に追及して判断することは稀です。人々の主観的な世界の見方の特徴について紹介します。

14-1-1　プロスペクト理論とフレーミング効果

　客観的には同じような現象でも良い面と悪い面のどちらに焦点を当てるかによって，人々の判断が左右される現象があります。例えば，5,000円を失ってショックを受けた次の日に，5,000円の臨時収入があったとします。臨時収入によりショックは相殺されるでしょうか。多くの人はショックを受けた嫌な気分を少し引きずっていると思います。また，5,000円をもらった（失った）後に，10,000円をもらった（失った）とします。5,000円の時と比べて，2倍うれしく（悲しく）感じるでしょうか。おそらく，5,000円の時よりもうれしさ（悲しさ）は大きいですが，2倍の反応にはならないと思います。

　このような合理的とは言い難い心の価値の反応が生じる現象は，プロスペクト理論（prospect theoy: Kahneman & Tversky, 1979）によって説明されてい

図の中のラベル:
- 価値 +
- +10,000円の時の価値
- +5,000円の時の価値
- −10,000円　−5,000円
- 損失 −
- +5,000円　+10,000円
- 利得 +
- −5,000円の時の価値
- −10,000円の時の価値

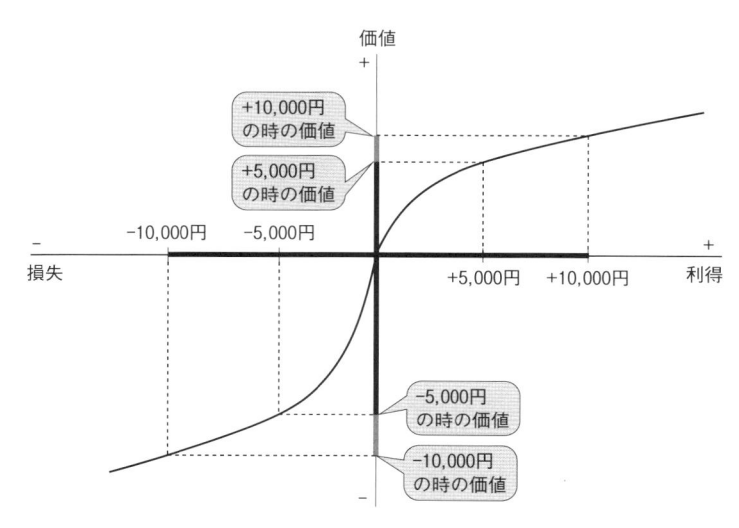

図 14-1　プロスペクト理論における価値関数の曲線（Kahneman & Tversky, 1979 をもとに筆者が作成）

ます。プロスペクト理論では，人々は図14-1の曲線で示した価値判断が行われると考えられています。まず，参照点（スタート時点）から利得（得られる場合）か損失（失う場合）で反応の仕方が異なります。例えば，図14-1の5,000円を得られる時の価値と，失う時の価値を比べてみてください。同じ5,000円にもかかわらず，失う時の方が価値の変化が大きいことが分かります。このように，人々の心理的な価値の生じかたは，利得の場合は上に凸で穏やかな曲線であるのに対し，損失の場合は下に凹で比較的急な曲線の非対称になっています。また，客観的には，10,000円は5,000円の2倍の価値があるにもかかわらず，利得と損失の心理的な価値では5,000円と10,000円の差は僅かです。そのため，利得の場面では，利得が多くなっても価値は変わらないので得を確定させようと確実に得られる選択が好まれやすいことが指摘されています。一方，損失の場合は，最初の価値損失の変化が大きいうえに，さらに損失が生じた場合はその後の価値の変化は小さいので，最初の損失を回避するような冒険的な選択が好まれやすいことが指摘されています。

　このプロスペクト理論の価値判断の現象を意思決定の場面に応用したものとして，図14-2の有名な例題があります。図14-2の問題の (1) と (2) について

日本で600人を死亡させると予想される珍しい感染症の流行に対して備えている，と想像して下さい。その感染症と戦う2つの対策が準備されています。各対策の実施結果の科学的に正確な推定は以下だと仮定します。

(1) 以下の2つの対策AとBでは，どちらを選びますか。
  1. 対策A：200人が救われる。
  2. 対策B：3分の1の確率で600人が救われるのに対して，3分の2の確率で誰も救われない。
(2) 以下の2つの対策CとDでは，どちらを選びますか。
  1. 対策C：400人が死亡する。
  2. 対策D：3分の1の確率で誰も死亡しないのに対して，3分の2の確率で600が死亡する。

図 14-2 アジア病問題の例題 (Tversky & Kahneman, 1981をもとに筆者が作成)

それぞれどちらの対策を選ぶべきか考えてみて下さい。

これまで，(1) では対策Aを，(2) では対策Dを多くの人が支持することが指摘されています。しかしながら，対策A=C（600人中，200人救われる＝400人死亡する），対策B=D（1/3の確率で600人助かる＝2/3の確実で600人死亡する）となっており，(1) と (2) の選択肢は表現が利得（救われる）を強調するか，損失（死亡する）を強調するかの表現が裏返しになっている同じ選択肢です。したがって，もし (1) で対策Aの選択が支持されるなら，(2) では同じ内容のCの選択肢が支持されるべきですが，実際は対策Dが支持されています。矛盾した決定が生じるのはプロスペクト理論で説明されているように，利得の場面では確実な選択を好み，損失の場面では冒険的な選択を好む傾向があるためです。利得か損失かを強調するかによって，心理的価値の反応が異なり，同じ内容でも異なる結論を生み出す効果をフレーミング効果（framing effect: Tversky & Kahneman, 1981）と呼びます。人々の心の価値の反応の仕方は，客観的な価値とは異なり合理的とはいい難いものです。

14-1-2 原因帰属と帰属バイアス

授業に遅刻してきた人を見かけた際に，「時間にルーズな性格だ」と考えたり，「電車が遅れたためだ」と原因を考えたりします。ある出来事の原因を，特定の属性（例，ルーズな性格）や環境（例，電車の遅れ）と結びつけて考えること

を原因帰属（causal attribution）といいます。最近の心理学の研究では，原因帰属は人が意識しないうちに行っていることが多く，瞬間的に頭の中で勝手に原因を推測していることが多いといわれています（例えば，Gilbert, 1998）。

原因帰属には，行為者の要因が原因だと考える内的帰属（interpersonal attribution: 例えば，遅刻の原因を性格に判断）と，行為者が置かれている状況が原因だと考える外的帰属（external attribution: 例えば，遅刻の原因を電車の遅れ）の2つの方略があることが指摘されています。これら内的帰属や外的帰属が起こる条件を説明するものとして共変モデル（covariation model: Kelley, 1967）があります。共変モデルでは，a）その反応はある対象に限って起きるのか"弁別性"，b）その反応はどのような状況でも変わらないのかの"一貫性"，c）その反応は他の人々と同じなのかの"一致性"の3つを側面から原因が特定されると考えられています。図14-3のアルバイト先のA君がアさんにやさしい原因で説明をしてみます。図14-3の（1）のように，A君はアさんだけ（弁別性），いつも（一貫性），A君だけ（非一致性）アさんにやさしいのであれば，A君の恋心という内的要因が原因である可能性があります。一方，図14-3の（2）のように，A君はみんなに（無弁別），いつも（一貫性），他の人も（一

アルバイト先の"A君はアさんにやさしい"のは，A君がアさんを好きだから？

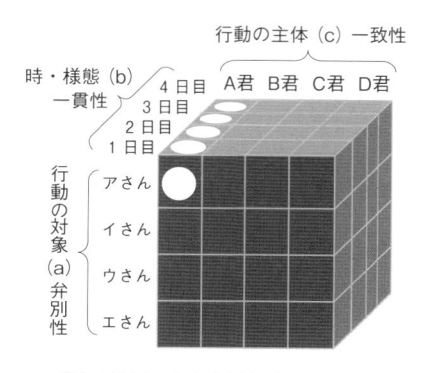

（1）A君はアさんを好きだからやさしい

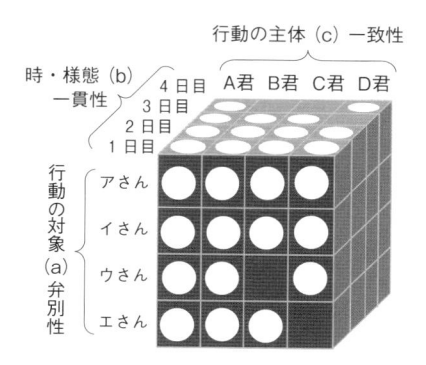

（2）A君は誰にでもやさしい & 他の人もアさんにやさしくしてくれる。（→アさんは新人だから）

図14-3　共変モデルの例

致性）アさんにやさしいのであれば，アさんが新人だからという外的要因に原因があるかもしれません。このように弁別性を行動の対象，一貫性を時・様態，一致性を行動の主体に対応させ，どのように帰属するのか判断します。

しかしながら，現実には共変モデルが仮定しているような3つの側面を考慮して原因帰属が行われているのは稀です。原因を判断する際に情報が限られていたり，判断する十分な時間がなったりするため，帰属バイアスと呼ばれる偏った判断で帰属が行われることが多いです。

主な帰属バイアスの1つとして，行動の原因を考える際，役割などの外的要因を考慮しないで，行為者の内的要因へ過度に帰属させる基本的帰属錯誤（fundamental attribution error: Ross, 1977）があります。例えば，患者にやさしく接している看護師を，患者は看護師の役割のことを無視して自分に気があると勘違いする場合が考えられます。2つめとして，自分の行動の原因を判断する場合は外的要因に，他者の行動の原因を判断する場合は内的要因に帰属する行為者—観察者バイアス（actor-obsever bias: Jones & Nisbett, 1971）があります。例えば，自分が服を選んだ理由はたまたま偶然だと外的帰属するのに対し，他人が服を選んだ理由はセンスだと内的属性に帰属する場面が考えられます。3つめとして，成功は自分の努力や能力などの内的要因に，失敗は運や他者の責任などの外的要因に帰属するセルフ・サービングバイアス（self-serving bias）があります。例えば，テストの点数が良ければ自分の能力に内的帰属し，点数が悪ければテストの問題が難しすぎたからだと外的帰属をする場面が考えられます。このように現実場面では帰属にゆがみが生じることが知られています。

14-2 対人認知：人の印象はどのようにつくられるのか？

「見た目で印象が決まる」「0.5秒で第一印象が決まる」など，人の印象についてさまざまな俗説があります。人の印象の作られかたについて社会心理学ではどのような説明がされているのか紹介していきます。

14-2-1 印象形成の古典的実験

図14-4は印象形成に関する古典的実験（Asch, 1946）です。この実験では，

```
┌─────────────────┐  ┌─────────────────┐
│    リスト A      │  │    リスト B      │
│     知的な       │  │     知的な       │
│     器用な       │  │     器用な       │
│     勤勉な       │  │     勤勉な       │
│    あたたかい    │  │    つめたい      │
│   決断力のある   │  │   決断力のある   │
│     実際的な     │  │     実際的な     │
│     用心深い     │  │     用心深い     │
└─────────────────┘  └─────────────────┘
```

図 14-4　印象形成実験の例（Asch, 1946 をもとに筆者が作成）

「ある人物の性格特性です」といって，リスト A かリスト B の 2 つのうちいずれかを読み聞かせ，この人物はどのような人であるか印象を尋ねました。

　その結果，2 つのリストは「あたたかい」と「つめたい」の 1 ヶ所だけ違うのにもかかわらず，リスト B を聞かさせた人より，リスト A を聞かされた人の方が，人物の印象がはるかに肯定的に評価していました。このことから，人の印象は個々の特性の単なる合計を超えた統合的なものであると考えられています。さらに，「あたかい」「つめたい」のように印象の成立に重要な機能を果たす中心特性と，「知的な」「器用な」などの重要ではない周辺特性があることが指摘されています。みた目で印象が決まってしまうのは，もしかしたら，「やさしそう」といった中心特性に関わる側面が影響しているかもしれません。

14-2-2　ステレオタイプ

　心理学科の学生は内向的な人が多い，社会学科の学生は社交的な人が多いなど，印象形成において，人々がもともともっている固定概念が用いられることがよくあります。あるカテゴリー集団（例，心理学科の学生）について人々が抱いている固定化されたイメージのことをステレオタイプ（stereotype）といいます。このステレオタイプは，とくに知らない人のことを判断する際によく用いられています。図 14-5 はドクター・スミス問題と呼ばれる有名な課題です。課題に説明されている交通事故にあった父子とドクター・スミスがどのような間柄なのかを考えてみて下さい。

　搬送された子どもは，「ドクター・スミスの先妻の子ども」「不倫の子ども」

> ドクター・スミスは，アメリカのコロラド州立病院に勤務する腕利きの外科医。仕事中は，常に冷静沈着，大胆かつ慎重で，州知事にまで信望が厚い。
> 　ドクター・スミスが夜勤をしていたある日，緊急外来の電話が鳴った。交通事故のケガ人を搬送するので執刀してほしいという。父親が息子と一緒にドライブ中，ハンドル操作を誤り谷へ転落，車は大破，父親は即死，子どもは重体だと救急隊員は告げた。
> 　20分後，重体の子どもが病院に運び込まれてきた。その顔を見て，ドクター・スミスはアッと驚き，茫然自失となった。その子は，ドクター・スミスの息子だったのだ。
> 　**交通事故にあった父子とドクター・スミスの関係をできるだけ詳しく説明しなさい。**

図14-5　ドクター・スミス問題

など，複雑な人間関係を想像する人がいます。答えは，ドクター・スミスは女医であり，交通事故にあった父親の妻であり，子どもの母親です。この課題の回答を難しくしているのは，腕利きの外科医は男性であるという固定化されたステレオタイプが強く作用しているためです。ステレオタイプが一種の先入観として作用したり，ゆがんだ印象形成がされるため，偏見や差別の原因になることもあります。

14-2-3　自動特性推論

　帰属バイアスやゆがんだ印象形成がされやすい背景として，人は深く考えないで短い時間で自動的に物事の判断を行ってしまう傾向があるためです。このような行動をみかけたら深く考えないうちに性格や属性（性別）などの内的要因と結びつけることを自動特性推論（spontaneous trait inference）と呼びます。その代表的なモデルとして，3段階モデル（three stage model; Gilbert, 1998）があります（図14-6）。

　図14-6に示したように，最初の同定の段階では，観測された他者の行動がどういった行動か判断される（例，時間に遅れて入室した行為を遅刻と判断）。次に，自動特性推論の段階では，同定された行動にもとづき，その行動に対応する属性が推論される（例，遅刻ならルーズな人だ）。この自動特性推論は，深く考えずに瞬時に，ほぼ自動的に判断されます。最後に，状況要因の考慮の段階では，その行動がとられた状況について検討し，先の推論が修正されます。しかしながら，最後の段階の修正は，考える時間や努力が求められるため，修正が十分に行われるとは限りません。自動特性推論の段階で判断が終了してしま

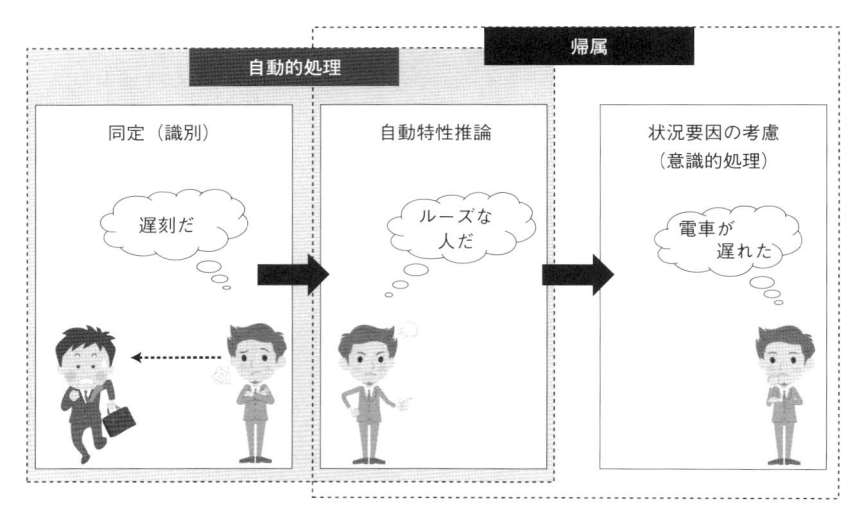

図 14-6　ギルバートの 3 段階モデル（Gilbert, 1998 をもとに筆者が作成）

うことは多いです。例えば，遅刻した人をルーズな人だと瞬時に決めてしまうが，電車が遅れたなどの可能性について考慮する必要があります。授業をしながら遅刻をした学生をみかけるといった作業をしながらの場合，状況要因まで考慮する余裕がありません。このような場面では，自動的処理の段階で判断が決定してしまいます。もしかしたら，「0.5 秒で第一印象が決まる」という俗信は，このような特性推論の自動的処理の現象を例えているのかもしれません。

14-3　態度：自分の意見はどのようにつくられるのか？

　態度はパーソナリティと同様に，人の言動の原因になる重要な心理的概念です。とくに，社会心理学では，人々の行動を予測したり，変容させるための重要な研究課題として態度が検討されてきました。態度が日常場面の人々の言動を理解するうえで重要な概念であることを説明していきます。

14-3-1　態度の成分と種類

　態度とはどのような概念として説明されているのでしょうか。態度の成分として，感情，認知，行動の準備状態の 3 つの要素が含まれていると考えられて

います（Rosenberg & Hovland, 1960）。例えば，アイスを対象にした場合，感情はアイスが好きや嫌いといった評価です。認知はアイスが冷たくて甘い食べ物であるという認識です。行動の準備状態はアイスを買いたいと思う動機が対応しています。

近年の研究では，態度は2種類あると考えられるようになってきました。その1つが顕在的態度（explicit attitude）です。顕在的態度とは，意識的に認識することができ，簡単に表出することができます。例えば，人種差別をしてはいけないと明言することは顕在的態度をあらわしています。いま1つは，潜在的態度（implicit attitude）です。潜在的態度は，無自覚でコントロールが難しく，非意識的に生じます。例えば，差別はいけないと思っていても，アフリカ系アメリカ人に対面した際に，なんとなく怖がってしまうのは潜在的態度だと考えられます。時として，顕在的態度と顕在的態度がまったく逆の反応を生じさせることがあります。これまでのところ，顕在的態度は現在の経験にもとづいて形成されるのに対し，潜在的態度は子ども時代に形成されたものであると指摘されています（Rudman et al., 2007）。自分が思っている顕在的態度とは別の反応が生じた際は，潜在的態度が関与している可能性を考えみるといいかもしれません。

14-3-2 態度形成の理論

人は本心としての態度とは食い違った行動を取った際に不快感を覚えます。自分や自分をとりまく環境の間に生じる矛盾や食い違いを認知的不協和（cognitive dissonance）と呼びます。認知的不協和の態度形成や変容に関する有名な理論として，認知的不協和理論（cognitive dissonance theory: Festinger, 1962）が提唱されています。認知的不協和理論では，自分の言動の矛盾は不快な緊張状態を生じさせるため，自分の認知や行動を変えて矛盾を解消することが説明されています。その典型的な研究として，図14-7のような不十分な正当化の実験（Festinger & Carlsmith, 1959）があります。

実験では，実験参加者は，非常に退屈な課題を長時間続けることを求められます。その後に，他の実験参加者に「とても面白くてためになる実験だった」と心にもない嘘をつく役割を与えられます。その際，嘘の報酬として2,000円

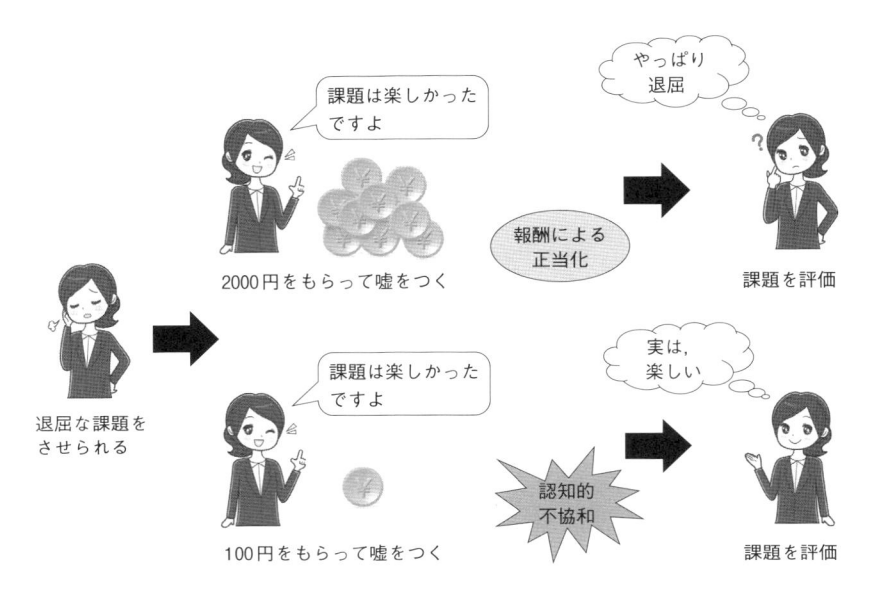

図 14-7　不十分な正当化の実験の例（Festinger & Carlsmith, 1959 をもとに筆者が作成）

をもらえる条件と，100円をもらえる条件が設けられています。その後に，自分自身は実験がどれくらい楽しかったか評価を求められました。結果は，100円をもらう条件では，2,000円をもらう条件に比べて，「楽しかった」と評価するようになっていました。2,000円をもらう条件ではお金のためと嘘を正当化できるのに対し，100円の条件では金額が少ないために嘘を正当化できずに，認知的不協和が生じ，その解消として課題を楽しかったと思うように態度を変化させたためです。

　もともとの態度と行動の食い違いから態度が変容する場合だけなく，行動から態度が形成される場合もあります。そのような現象を説明するものとして，自己知覚理論（self-perception theory: Bem, 1972）があります。自己知覚理論では，人は自分が何を行ったかという行動の観察から，自分の態度や感情などの内的状態を推論すると説明されています。自己知覚理論の有名な研究として，子どものお絵描きの実験（Lepper et al., 1973）があります。絵を描いている子どもに，報酬を与える群と与えない群を設け，その後の絵を描く程度を比較しました。その結果，報酬を与えられていない群の方が与えられた群より絵を描

くようになっていました。このような差が生じたのは報酬を与えられると絵を描くのが好きという自覚が消えてしまったためです。時として，自分のとった行動から何が好きなのかの自覚が生じることがあります。先ほどの不十分な正当化実験も，自己知覚理論から，100円のために嘘をつくわけはないから，面白い課題といっている自分の発言を手がかりに自覚が生じたとも解釈できます。

14-3-3　説得的コミュニケーション

　他者の態度を特定の方向へ変化させるコミュニケーションを説得といいます。このような説得的コミュニケーションの手法についても社会心理学で研究されてきました。その1つに，フット・イン・ザ・ドア・テクニック（foot-in-the-door technique）があります。この技法は態度と一貫した行動をとろうとする心理的特性を応用して，相手が承諾する小さな要請から始めて，関連する大きな要請を最終的に承諾される方法です。小さな要請に同意するというコミットメント（態度を明確にする）が「協力的な人間」という自己イメージをうえつけ，次の要求も受入れやすくするためです（認知的不協和の回避）。フット・イン・ザ・ドア・テクニックを応用した交通安全のフィールド実験があります

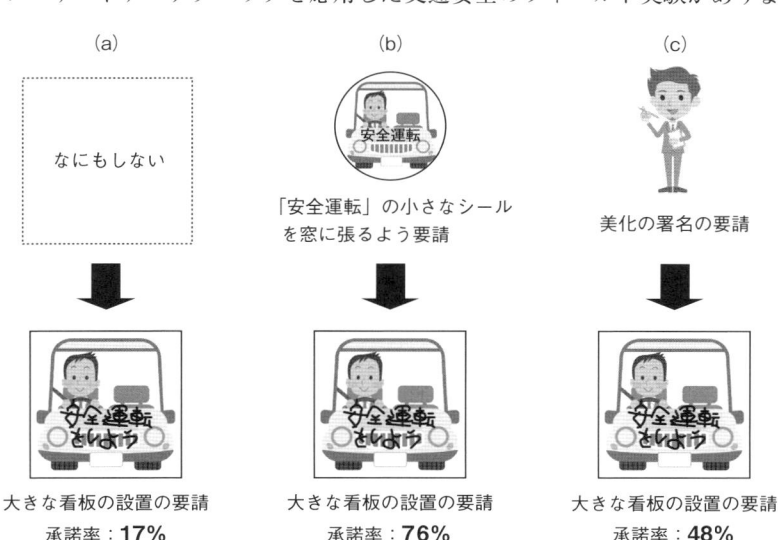

(a) なにもしない
↓
大きな看板の設置の要請
承諾率：17%

(b) 「安全運転」の小さなシールを窓に張るよう要請
↓
大きな看板の設置の要請
承諾率：76%

(c) 美化の署名の要請
↓
大きな看板の設置の要請
承諾率：48%

図 14-8　交通安全のフィールド実験（Freedman & Fraser, 1966 をもとに筆者が作成）

（Freedman & Fraser, 1966）。実験では，住宅街で，とても下手な字で「安全運転をしよう」と書かれた大きな看板を玄関先に設置して欲しいと要請をします（図14-8の(a)）。この要請だけを行った場合の承諾率は17％でした。ところが，この要請の2週間前に簡単に承諾するような「安全運転」と書かれた小さなシールを窓に貼るように要請を行い，その後に看板の要請を行ったところ承諾率は76％と高くなりました（図14-8の(b)）。また，別の条件では，交通安全とは無関係な簡単に承諾するような美化に関する署名の要請を行い，その後に看板の要請を行ったところ（図14-8の(c)），承諾率は48％でした。このようにはじめに小さな要請を承諾させることで，「善いことに協力する人間だ」という態度を形成され，次の大きな要請を承諾しやすくなることが指摘されていいます。

一方，誰もが承諾しないような大きな要請から始めて，説得に導く技法もあります。その技法が，ドア・イン・ザ・フェイス・テクニック（door-in-the-face technique）です。この技法は断られることを予想して，まず，大きい要請をして相手にそれを拒否させ，次に目的とする本当の要請をして承諾をさせる方法です。大きな要請から小さな要請に切り替えることで，①要請者が譲歩したようにみえ，②そのお返しとして譲歩（承諾）する傾向が高くなることが指摘されています。この技法を応用したボランティア要請の実験（Cialdini et al., 1975）では，「非行少年の動物園の付き添いのボランティア」を要請しただけの場合の承諾率は17％でした。ところが，その要請をする前に，「週1時間，非行少年のカウンセラーを2年間」といった大きな要請をして断らせた後に，「非行少年の動物園の付き添いのボランティア」を要請した場合，承諾率は50％に高くなりました。要請を受けた側は，大きな要請から小さな要請に譲歩してくれたお返しとして，承諾するように自分も譲歩するようになったと考えられています。

14-4　まとめ：テスト勉強に向けて

10,000円は5,000円の2倍の価値があるにもかかわらず，心理的な価値判断では2倍にならないことや，本当は電車の遅れで遅刻した人を「ルーズな人」と思ってしまうことや，差別は悪いことと思っていても人種によって異なる反

応をしてしまうことなど，人は客観的現実や意識している通りには反応することが難しいといえます。それは，人は心を通じて構成された社会的現実に生きているため，客観的に考えると非合理的で矛盾があるような言動が生じてしまいます。社会心理学は社会に生活している人のさまざまな言動を生じさせる心理的なプロセスを説明することを得意としています。この章で紹介した内容を自分の身近な出来事に置きかえて考えてみると理解が深まると思います。

　テスト勉強に向けた整理として，この章のキーワードを紹介します。ただ，高校までの勉強と違い，キーワードや定義を暗記するだけでは，テストで点数を取ることができません。心理的な概念を自分なりに説明できるようになる能力が求められます。

学びのポイント

■ 重要語句

- **フレーミング効果**：利得か損失かを強調するかによって，心理的価値の反応が異なり，同じ内容でも異なる結論を生み出す。
- **原因帰属**：ある出来事の原因として特定の属性や環境と結びつけて考えること。
- **ステレオタイプ**：あるカテゴリー集団について人々が抱いている固定化されたイメージ。
- **自動特性推論**：行動をみかけたら深く考えないうちに性格や属性などの内的要因と結びつけること。
- **認知的不協和理論**：自分の言動の矛盾は，不快な緊張状態を生じさせるため，自分の認知や行動を変えて矛盾を解消すること。
- **フット・イン・ザ・ドア・テクニック**：相手が承諾する小さな要請から始めて，関連する大きな要請を最終的に承諾される方法。

　これらのキーワードから実際にどのようなテスト問題が出題されるのか，例をあげてみます。

例：フレーミング効果の問題（著者の授業では同じ問題は出題しません）

今，キャンペーンを企画すれば，お客さんを今よりも 500 人多く増やすことができます。逆に，キャンペーンを企画しなければ，他店にお客さんをとられ，今よりも 500 人少なくなります。あなたは社長にキャンペーンを承諾してもらうために，以下の 2 つのうち，どちらかの企画書を提出しなければなりません。

　企画書 A）キャンペーンをすれば，今より 500 人お客が増えることを強調した企画書

　企画書 B）キャンペーンをしないと，今より 500 人お客が減ることを強調した企画書

以下にどちらの企画書を提出するのかと，その理由について，"フレーミング効果"を使って説明をして下さい。

　テストの解答では，定義の丸写しでは点数にはなりません。日常生活のさまざまな場面に社会心理学的な現象のヒントがたくさんがあります。テスト勉強は日常場面を心理学的に考えることから始められます。ただ理論を知っているだけでは，本棚でほこりをかぶっている本でしかないです（図 14-9）。この章で学んだ社会心理学を使い，身近な出来事についてなぜ生じたのか説明を考えたり，人に説明をしてみて下さい。説明できるようになった時に，あなたの力（身内）になります。

図 14-9　岩明均「ヒストリエ」第 3 巻（講談社）より

文 献

Asch, S. E. (1946). Forming impressions of personality. *The Journal of Abnormal and Social Psychology, 41*, 258-290.

Bem, D. J. (1972). Self-perception theory. In L. Berkowitz (Ed.), *Advances in Experimental Social Psychology* (Vol. 6, pp.1-62). New York: Academic Press.

Cialdini, R. B., Vincent, J. E., Lewis, S. K., Catalan, J., Wheeler, D., & Darby, B. L. (1975). Reciprocal concessions procedure for inducing compliance: The door-in-the-face technique. *Journal of Personality and Social Psychology, 31*, 206-215.

Festinger, L. (1962). *A theory of cognitive dissonance* (Vol. 2). Stanford University Press.

Festinger, L., & Carlsmith, J. M. (1959). Cognitive consequences of forced compliance. *The Journal of Abnormal and Social Psychology, 58*, 203-210.

Freedman, J. L., & Fraser, S. C. (1966). Compliance without pressure: The foot-in-the-door technique. *Journal of Personality and Social Psychology, 4*, 195-202.

Gilbert, D. T. (1998). Ordinary personology. In D. T. Gilbert, S. T. Fiske, & G. Lindzey (Eds.), *The handbook of social psychology* (4th ed., pp.89-150). New York: McGraw Hill.

Jones, E. E., & Nisbett, R. E. (1971). The actor and the observer: Divergent perceptions of the causes of behavior. In H. H. Kelly, R. E. Nisbett, S. Valins, & B. Weiner (Eds.), *Attribution: Perceiving the causes of behavior* (pp.79-94). General Learning Press.

Kahneman, D., & Tversky, A. (1979). Prospect theory: An analysis of decision under risk. *Econometrica, 47*, 263-291.

Kelley, H. H. (1967). Attribution theory in social psychology. *Nebraska Symposium on Motivation, 15*, 192-238.

Lepper, M. R., Greene, D., & Nisbett, R. E. (1973). Undermining children's intrinsic interest with extrinsic reward: A test of the "overjustification" hypothesis. *Journal of Personality and Social Psychology, 28*, 129-137.

Rosenberg, M. J., & Hovland, C. I. (1960). Cognitive, affective, and behavioral components of attitudes. In M. J. Rosenberg & C. I. Hovland (Eds.), *Attitude organization and change: An analysis of consistency among attitude components* (Vol. 3, pp.1-14). Yale University Press.

Ross, L. (1977). The intuitive psychologist and his shortcomings: Distortions in the attribution process. In L. Berkowiz (Ed.), *Advances in experimental social psychology* (Vol. 10, pp.173-220). Academic Press.

Rudman, L. A., Phelan, J. E., & Heppen, J. B. (2007). Developmental sources of implicit attitudes. *Personality Social Psychological Bulletin, 33*, 1700-1713.

Tversky, A., & Kahneman, D. (1981). The framing of decisions and the psychology of choice. *Science, 211*, 453-458.

第15章 社会心理学Ⅱ 集団や社会の中における人の心

　私たち一人ひとりは，いわゆる「無人島」で暮らしているわけではありません。集団や社会の中で生きるということは，私たちの心にどのような影響があるのでしょうか。本章では，私たちの行動や意識が，他者や集団や社会によってどのような影響を受けるのかについて学びます。

15-1　社会的促進

　19世紀末，トリプレットは，アメリカ競輪連盟から公認記録を入手して面白い事実を報告しました（Triplett, 1897）。それは，好成績を出そうと一人で走る場合よりも，試合ではないが速度調整者のいる場合や，本物の試合の方が，記録が速いということでした。この結果について彼は競争的本能が身体運動を活性化させるからではないかと考えましたが，競輪では他者が風よけの役目を果たしているなど別の要因の可能性もあります。そこで彼は釣りざおのリールを用いた実験器具を作製し，実験室で実験を行いました。単独で糸を巻く時と，2人が並んでそれぞれ巻く時とで，巻ききる時間を比較したところ，多くの子どもたちが1人条件下よりも2人条件下の方で速く巻ききっていました。なおこの実験は，社会心理学の最古の実験といわれています。

　私たちの日々の行動の1つである食行動においても，似たような現象はよく見られると思います。一人で食事をする時には，決まりきった量しか食べないのに，家族や気の置けない友人との食事の時には，ついつい箸が進んでしまい食べすぎてしまっていることも少なくないでしょう。

　また，芸能を職業としている人の後日談の中には，危険な行為でも観客の前では大怪我をしてもいいと決意して大胆に行ったというものもあります。芸人ではなくても，他者がいることで張り切って何かを行うということは，意識的

または無意識的であれ身近にある経験ではないかと思われます。

　同じ行動をしている他者であれ見物をしている他者であれ，他人の存在によって個人のとある行動が活発になるという現象は，社会的促進[1]といわれます。社会的促進という現象は何も人間に限ったことではありません。人間以外の動物でも，同種の他個体がそばにいた方が，単独での時よりも，多くの餌を食べることなどが示されています（Platt et al., 1967）。

　社会的促進は動物までもを対象として盛んに研究されてきましたが，それとは逆の結果が得られたこともありました。つまり，他個体がいた方が単独での時より，ある行動が不活発になったりするなど，遂行の量や質が劣るという現象です。スポーツ選手が個人練習では成功させていた難易度の高い技を，大勢の観客を前にした本番では失敗してしまった，という例はこれに当たるでしょう。他の社会的抑制の例として，ここではラタネとダーリーが行った緊急事態における援助行動の研究をあげます（Latané & Darley, 1970 竹村ら訳 1997）。有名な研究なので少し詳しくみていきます。彼らの研究のきっかけは，米国で社会的に話題になったキティー・ジェノヴィーズ殺害事件でした。

　キティー・ジェノヴィーズとは1964年当時ニューヨークに住んでいた28歳の女性で，深夜駐車場に車を停め自宅に向かうところで暴漢に襲われてしまいました。再三助けを求めましたが，すぐさま駆けつけたり警察に通報したりする者はおらず，彼女は息絶えてしまいました。新聞報道では，たった1人や2人ではなく，38人もの住民がアパートで彼女の叫び声を聞き事件を目撃していたにもかかわらず誰も助けなかったとして，大都会での隣人に対する無関心が問題視されました（Rosenthal, 2008 田畑訳 2011）。

　ラタネらは，緊急事態にある人に救いの手が差し伸べられないのはなぜかを調べるために，煙が部屋に充満してくる実験や，ビールの量販店で盗難を目撃する実験，他の実験参加者が突然発作を起こす実験などを行ないました。その結果，一人でいる時の方が，複数でいる時よりも，実験実施者に異常事態を報告するなどの行動を多くとっていました。すなわち，緊急事態への介入は他者

---

[1] 初めてこの用語を用いたとされる オールポートは，トリプレットの競争的な実験設定を批判し，他者が単に存在していることの純粋な影響を調べるべきだと主張しました（Allport, 1920）。

の存在によって抑制されたのです。

　緊急事態に居合わせた人々の数が多い方ほど，人は介入しなくなるという結果について，ラタネらは，それは責任が分散されるからと考察しました。その現場に居合わせているのが一人だけであれば，その人がその事態の処理の全責任を負いますが，他にも居合わせている人がいれば，責任の重荷は分けられ何もしなくても自分だけが非難される可能性が小さくなります。前述のむごい事件は38人もいたのに助けられなかったと世間を震撼させましたが，ラタネらの研究結果にもとづけば，38人もいたから，がことの真相といえます。

　ところで相対立する現象の社会的促進と社会的抑制ですが，なぜ，ある時は社会的促進がみられ，別のある時には社会的抑制がみられるのでしょうか。そこにはっきりとした理由があるのでしょうか。これについてザイアンスはそれまでに行われた研究の結果を整理し，「学習済のことは他者がいることによって促進され，未学習のことは他者がいることによって抑制される」という考えを発表して注目されました（Zajonc, 1965）。「学習」については第11章で勉強した通りです。つまり，私たちがもうすでに身につけているような簡単な行動が学習済みのことで，先述の食行動はこれに当たりますが，この種の行動は他者の存在によって促進されるということです。逆に，私たちがまだ身につけていないような難しい行動は未学習のことで，先述した緊急事態での援助行動はほとんどの人が経験したことがないものと思われますが，この種の行動は他者の存在によって抑制されるということです。その後の実験で彼の考えは支持されています（Markus, 1977）。ということで，それらにもとづくなら学生の皆さんへのアドバイスがあります。「テスト勉強は誰もいない個室で，本番のテストは多くの受験生や監督員がいる所で」（Zajonc, 1965）。

15-2　社会的手抜き

　先人たちが行った大仏の建立や明治維新の改革，それから皆さんも経験したと思われる学園祭でのクラスの出し物や委員会活動など，皆で力を合わせて何か1つのことを成し遂げようとすることはこの世の中に数えきれないほどあります。これは一人ではできないことでも集団で行えば簡単に達成できることが理由の1つにあるでしょう。しかし協同作業にはその反面，各人がしなければ

ならないことを省いて楽をしてしまうという可能性があります。単独での作業よりも，集団での作業において個人が精を出してはたらこうとしなくなることは社会的手抜きといわれています。古くはリンゲルマンという人が綱引きの課題を用いてこの現象を指摘したことから，リンゲルマン効果とも呼ばれます。

ある実験では，思い切り大声を出したり手をたたいたりするという騒音発生の課題を，集団の人数を変えて行わせ，音の大きさが測定されました（Latané et al., 1979）。集団での結果が，その構成員の単独での結果の総和より小さければ，社会的手抜きが起こったといえるでしょう。実験の結果，各人の単独条件での結果を基準の100％とすると，2人集団ではその構成員の能力の和の71％，4人集団では51％，6人集団では40％となっており，集団が大きくなるほどいわば手抜きの度合いが大きくなっていました。

集団になると意識していなくても気が緩んでしまうのかもしれませんが，作業量の低下の原因は動機づけだけの問題に限りません。例えば，綱引き課題では，各人の最大能力を発揮する瞬間や引っ張る角度を皆で一致させることは難しいでしょう。騒音課題でも同様の難しさがあります。これらは「調整の失敗」といわれており，実際これに起因する作業量の低下も無視できないものがあります（Ingham et al., 1974; Latané et al., 1979）。

しかしながら場合によっては，社会的手抜きが起こらないばかりか，それとは逆の現象——集団作業での一人当たりの作業量の方が単独での作業量よりも多いという現象——が起こることもあります（Williams & Karau, 1991）。例えば，集団作業の出来栄えが重要ではあるがその作業に必要とされる能力が不足している人と協同しなければならない時は，単独条件下よりも作業量が多くなっていました。ここでは能力不足の人の分を補おうとして成員の本来以上の能力が発揮されたのだと考えられます。

15-3　同調と服従

筆者の経験では，特に思春期の女の子は仲の良い友達と同じ物をそろえてもったり着たりすることが多いと思います。次のような例を考えてみてください。

15-3 同調と服従

　仲良し4人組がおそろいのTシャツを買いに街へ出かけました。1人がある
シャツを指し「これはダサいので絶対嫌」といい他の2人もすぐさま同意しまし
たが，残りの1人はそのシャツが気に入っていました。

　あなたがこの最後の1人ならそこでどう反応しますか？
　アッシュはこの例よりもっと過激な場面を設定し人々の反応を調べました
（Asch, 1951）。それは，ある線分の長さと同じものを，3本の異なった長さの
線分の中から1つ選んでもらうというもので，簡単で正解がはっきりしたもの
でした（図15-1）。例にあげたTシャツの好みのようなものであれば人によっ
て選択が分かれることは容易に想像できますが，この線分課題では判断が異な
ることは通常では考えられません。しかし，8人前後の集団の中で，1人以外
は皆同じ間違った答えを途中から何度もするようになります。実はこの目立つ
1人が真の実験参加者でその人の反応が調べられたのでした。残りの人たちは
研究者から事前に同じ間違いをするよう頼まれていたサクラでした。そして酷
なことに，真の参加者は一致して誤答を述べている人たちの前で自分の判断を
表明しなければなりませんでした。その結果，4分の3にあたる人が少なくと
も1回は多数派の誤った答えに従ったのです。全体として誤答は問題の試行の
3割強を占めていました。

　人が自分の意見や行動を他者のそれらに合わせることは同調といわれます。
同調が生じる時は明白にせよ暗にせよ他者と一致させようとする圧力がその
人の周囲にあったと考えられます。この世の中には例えば「自分勝手はいけな
い」とか「ものの命を大切にしなければいけない」といった従うべき基準や模

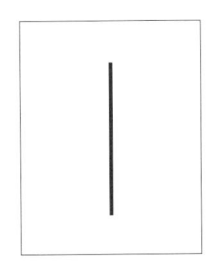

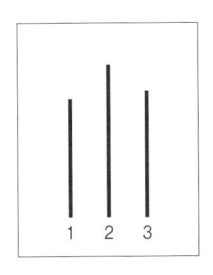

図 15-1　同調を調べる実験（Asch, 1951）

範，つまり規範が存在しており，それを破ると他者から白い目でみられたり疎外されたりするということがあるでしょう。規範が維持される根底には他者から疎外されたくないという動機が人々にあるからです。このように他者から除け者にされたりするのを避けたいとして同調したならば，そこではたらいていたものは規範的影響といえます。一方で，例えば私たちはその場で何が適切な行動なのか分からない時周囲の人のそれをみて真似たりするように，私たちには多数の人の判断や行動は適切または正しいに違いないと考える傾向があります。他者を適切さや正しさに関する情報源として利用して同調したならば，そこではたらいていたものは情報的影響といえます。このように同調を生じさせる影響は2つに分類できますが（Deutsch & Gerard, 1951），実際はどちらもそれぞれ同時にはたらいて同調が生じることも多いでしょう。

　ここまでみてきたように，同調とは多数派の判断や行動に従うということでしたが，地位の高い人の命令や意志に従う場合は服従といいます。ミルグラムの行った服従の実験は（Milgram, 1974 山形訳 2008），心理学界内だけにとどまらずとてもよく知られています（Blass, 2004 野島ら訳 2008）。

　その実験への参加者は地元紙の広告募集などに応じて，大学の研究所にやって来ました。来室した2人には，罰が学習に及ぼす効果を調べるためと称して，学習者役か教師役かを決めるくじを引かせました。実は，2人のうち1人が真の参加者で，もう1人は研究者から演技を依頼されていたサクラでした。くじ引きはいかさまで，真の参加者は教師役，サクラは学習者役にいつも割り当てられます。学習内容は，対連合学習という単語の対を覚えさせるもので，参加者は実験者から，学習者が答えを誤るたびに罰としての電気ショックを一段階ずつあげていくよういわれます。電撃発生器の操作パネルには，15から450ボルトまでのボルト数と「軽い電撃」とか「危険：過激な電撃」といった言葉が，段階的に表記されていました。電気ショックの段階の進行に沿って，学習者は痛みにうめいたり，実験中止を叫んだり，苦悶の絶叫をあげたりしていきます。そのような中で，参加者がどこまで実験者の指示に従って電気ショックを与え続けるのかが調べられました。つまり良心に反した命令にどこまで従うのかが調べられたわけです。

　結果はミルグラムも驚くほど，多くの人が服従して罰を与え続けたというも

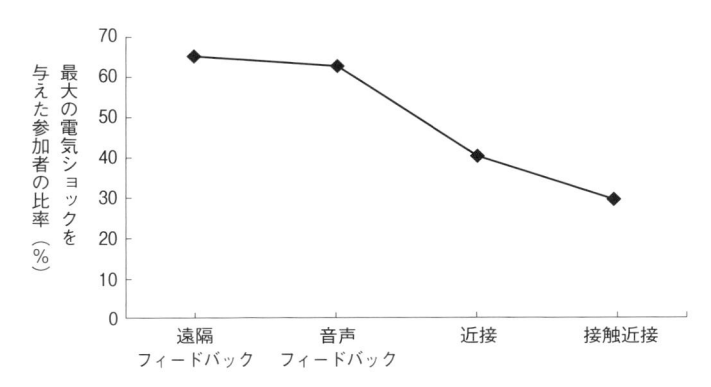

15-3 同調と服従　**201**

[図: 縦軸「最大の電気ショックを与えた参加者の比率（%）」0〜70、横軸「遠隔フィードバック」約65、「音声フィードバック」約63、「近接」約40、「接触近接」約30]

「遠隔フィードバック」では，学習者は隣室にいて姿もみえず声も聞こえない。ある時点では壁を叩く音がする。「音声フィードバック」では，学習者は隣室にいて姿はみえないが，抗議の音声が壁越しにはっきり聞こえる。「近接」では，学習者は同室で参加者から1m離れたところにいる。したがって姿もみえ声も聞こえる。「接触近接」では，ある時点から学習者の手を電撃プレートに無理やり押さえつけなければならなくなる。したがって姿もみえ声も聞こえる他に肉体的接触もある。

図 15-2　学習者との近さと服従率（Milgram, 1974 山形訳 2008）

[図: 縦軸「最大の電気ショックを与えた参加者の比率（%）」0〜70、横軸「基準」約65、「実験者不在」約21、「普通の人が実験者」約20、「矛盾する実験者たち」約0]

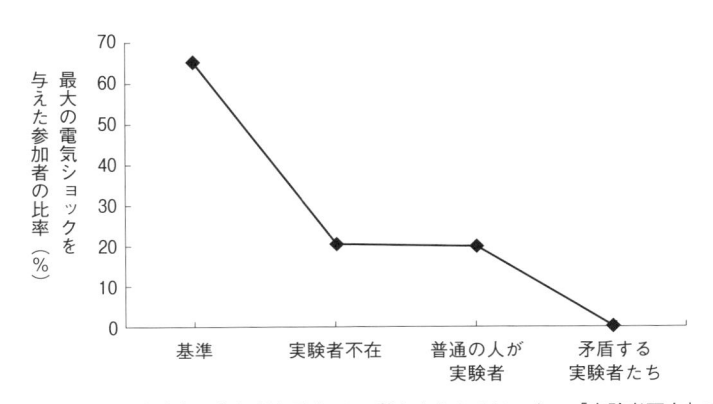

「基準」では，実験者は参加者と同室で1m離れたところにいた。「実験者不在」では，実験者は最初の指示を与えた後は実験室を出て，あとの指示は電話越しに行った。「普通の人が実験者」では，みたところは別の参加者（実は実験者から参加者の振りをするよう頼まれていたサクラ）が，電撃レベルをあげていくよう指示をした。「矛盾する実験者たち」では，2人の実験者は初めは電撃を与えるよう指示したが，片一方がある時点から実験を進行することに異議をとなえた。

図 15-3　実験者の命令の強さと服従率（Milgram, 1974 山形訳 2008）

のでした。精神科医や大学生にもその実験状況の中で自分なら電気ショックのどの段階で実験を中断すると思うかを尋ねていましたが，その予想と比較しても，実際の服従の程度の方が上回っていました。権威者からの命令には，その場に置かれてみないと分からないほどの強力な圧力があるということなのでしょう。多くの参加者はやすやすと命令に従ったわけではなく，罪もない人を傷つけることに苦しんでいました。

　いくつもの実験の結果，参加者は学習者に近づくほど，服従しなくなっていました（図15-2）。また，実験者の命令の強さもさまざまな設定により変えられました。それによっても，服従の程度は変わっていました（図15-3）。

　この実験は「アイヒマン実験」と呼ばれることもあります。アイヒマンとはヒトラー政権下でユダヤ人大虐殺の中心的役割を果たした悪名高い役人です。ある思想家は彼のことを，人種差別感情に凝り固まった怪物的な悪の化身ではなく，権力者の命令に忠実なだけの平凡な小役人であったと指摘しました。この実験の参加者が置かれた状況も，まさにアイヒマンの置かれた状況のようだというのです。ユダヤ人大虐殺は歴史上の突出した悲劇ですが，ミルグラムのこの研究は，構造化された社会や組織の中で生きる現代の私たちにとっても無関係ではなく，大いなる教訓を含むものといえるでしょう。

15-4　囚人のジレンマと社会的ジレンマ

　すぐれた戦国武将は，敵軍についての読みが深く，裏をかいたり裏の裏を行ったりすることで友軍を勝利に導いたことでしょう。私たちは戦国武将ではないけれども，相手の腹を探ったり相手の出方をうかがったりして，自分が有利になるよう行動を選択することもあります。自分も相手も互いがどう選択するかでそれぞれの結果が左右される状況は，まさに互いの運命が依存し合っている状況といえるでしょう。このような事態を単純化して表現しようとしたモデルの中に，「囚人のジレンマ」と呼ばれているものがあります。2人の囚人が板ばさみの状況に陥っているとして説明された，そのたとえ話をみていきましょう。

　共犯の容疑で捕らわれた2人は，別々の部屋で取り調べを受け，検事から次のような取引をそれぞれもち掛けられます。「2人とも罪を黙秘すれば刑期は1

表 15-1　囚人のジレンマ　　互いの選択と刑期

自分の手＼相手の手	A，黙秘	B，自白
A，黙秘	1年，1年	3年，0年
B，自白	0年，3年	2年，2年

年だが，片方が自白をすればその人は無罪で，自白をしなかった方は刑期3年になる。ただし2人とも自白をすれば刑期は2年だ（表15-1）。」2人の疎通は遮断されており相方に相談することはできません。この場合相方がどちらにしようと，自分は自白をした方が黙秘をするより刑期が1年短くなります。ただしここで問題なのは，相方も同じように考えて自白をする可能性があり，その場合はともに刑期は2年ですが，2人とも自白をしなければ1年で済むのです。

囚人のジレンマを分かりやすく説明するために，長谷川（2008）は「チョキ」と「パー」だけを使ったジャンケンゲームをあげています。そのゲームは，ジャンケンに勝ったら5点，負けたら0点で，「チョキ」同士のあいこは1点，「パー」同士のあいこは3点を得る，というものです。ジャンケンに勝とうと「チョキ」を出そうとしても，相手もそうする可能性が高く，その場合2人とも1点しか得られませんが，2人とも「パー」であれば共に3点を得られます。でもここで相手が抜け駆けして「チョキ」を出せば，「パー」を出した自分はバカをみることになります。このゲームを実際に体験してみるとよいでしょう。

1回限りのゲームであれば，「旅の恥はかき捨て」ということわざのように，思い切った手も出しやすいでしょう。しかしこのゲームが何回も続くとなるとどうでしょうか。どんな戦い方をすれば高得点を得やすいのでしょうか。

アクセルロッドはこれを明らかにするために，囚人のジレンマゲームのコンピュータ・プログラムを募集して，総当たり戦を行いました（Axelrod, 1984 松田訳1998）。その結果，優勝したのは「しっぺ返し」のプログラムでした。それは，原則相手に協調するが，相手が裏切ってきたらすかさず次の手で1度裏切り返すというものです。つまり，ジャンケンゲームでいえば，1手目は「パー」を出し，2手目以降は相手がその前に出した手をそっくりそのまま真似し

ていく，というものです。

　これは，実際の他者との付き合い方に当てはめて考えてみても，納得させられる結果です。相手を出し抜くようなやり方は，一時はうまくいくかもしれませんが，長期的にみれば没落しかねないと考えられます。一方で，誰かれ構わず協調するというやり方も，相手が善人ならうまくいくでしょうが，悪人であれば利用されるだけのえじきで終わってしまいがちになるでしょう。基本的には相手に協調するが，相手が少しでも裏切ろうとしてきたならば，即座に怒りの態度を示してそれ以上の裏切りのスキを与えない，また怒りの態度をいったん示した後は過去の裏切りをとがめだてせず寛容になること，ということがどんな相手とも上手く付き合える秘訣なのだと考えられるでしょう。

　囚人のジレンマとは2者の間で発生するジレンマでしたが，3者以上の間で発生するジレンマは社会的ジレンマといいます。水不足問題などはその一例です。思う存分の大量の水を使って衣服や身体などを洗うことは個人にとっては快適ですが，社会全体でみると使い過ぎによる水不足の問題を招きかねません。それから「ただ乗り」も社会的ジレンマの例です。料金を払わずに乗り物に乗れば個人にとっては得ですが，乗客みながそれをしてサービス業社が費用を回収できずに倒産の事態に陥ってしまえば，結局はサービスを利用できない人々が困ってしまうことになります。

　社会的ジレンマには次の2つの特性があります（Dawes, 1980）。

　(a) 社会の他の成員がどうするかにかかわらず，各人は協調するより協調しない方が得である。しかし，(b) 社会の全成員が協調しないより，協調する方が，各人の利得は多い。

　前述の水不足問題にこの特性を当てはめてみると，(a) 社会の他の成員がどうするかにかかわらず，各人は節水するよりしない方が快適である。しかし，(b) 社会の全成員が節水しないより，節水する方が，水不足の問題は浮上せず，困った事態にならずに済むということになります。

　水不足やただ乗りの問題以外でも社会的ジレンマの例はいたるところにありますが，有名な論文に「共有地の悲劇」（Hardin, 1968）というものがあります。そこでのたとえ話は次の通りです。

　すべての人に使用が許された牧草地があります。牛飼いたちは多くの牛をそ

の牧草地に放牧します。それぞれの牛飼いが自分の利益を増やそうとして，1頭，もう1頭……と自分の家畜を増やしていきます。しかしその牧草地は共同で利用している共有地です。利用者全体の牛の頭数がその牧草地の許容数以内に収まっている間は問題ありませんが，制限なしに家畜が増えすぎると，牧草が過剰に食われてしまい，結果的にその牧草地は荒廃してしまいます。制限のない自由は共有地に悲劇をもたらすというのです。

このような悲惨な結果を招かないよう，人々の協調を導くにはどうすればいいのでしょうか。囚人のジレンマでは「しっぺ返し」が有効とされましたが，一対一対応のこの手は3人以上が関わる問題では使いにくいです。

自由が共有地に悲劇をもたらすという指摘もあったように，人々に自由を与えないこと，つまり人々を監視し取り締まるという方法は，問題を回避する方法として多用されています。監視と罰の制度に一定の効果があるのは事実です。しかし，監視の目をかいくぐったルール違反が時には存在するのも事実ですし，監視には手間や時間やお金がかかるのが常です。だれがこれらを負担するのかという新たな問題を生じかねません。監視と罰の制度とは異なる別の面からも，人々を協調に導く方法を考えていく必要があるといえます。次節ではこれに関する話題を取り上げます。

15-5　信頼と安心

囚人のジレンマや社会的ジレンマの事態で，相手や成員が，自分をだまして抜け駆けなどはせず協調するだろうと信頼できれば，人は協調を選びやすくなります。ジレンマに関わる他者への信頼感について，山岸は興味深い研究を行っていますので，それらをみていきましょう（山岸，1999）。

まず，一般的な他人に対する信頼感は，日本人よりアメリカ人の方がずっと高いことが示されているというのです。例えば，「たいていの人は信頼できると思いますか，それとも用心するにこしたことはないと思いますか？」という質問に対して，アメリカ人回答者では約半数が「たいていの人は信頼できる」としていましたが，日本人回答者ではそれは約4分の1しかいませんでした。「他人はスキがあればあなたを利用していると思いますか」などのその他の質問についても，同様の傾向がみられていました。

そしてこの日米差は，社会的ジレンマの事態における協力行動でも現われ，アメリカ人の方が日本人よりも協力率が高かったというのです。ある実験は4人1組で行われ，参加者は自分に与えられた100円（アメリカではその相応額の50セント）のうち何円を他の3人に寄付するか決めることを求められました。寄付された金額は2倍に増額されて，その3分の1ずつが他の3人に与えられます。もし4人全員がそれぞれ全額の100円を自分以外の3人に寄付すると決めれば，自分の100円は2倍にされて3人に渡りますが，自分は他の3人から66.7円ずつもらい計200円を得ることができます。他方で，4人全員がそれぞれ全額の100円を他の3人に1円たりとも寄付しないと決めれば，その100円はそのまま自分のものになりますが，金額はそれ以上増えません。他の3人がどうするかにかかわらず各人は寄付するより寄付しない方が得ですが，4人全員が寄付しないより寄付する方が各人は多くのお金を手にできる，というように事態は社会的ジレンマに設定されています。その4人組の参加者は互いに顔を合わせることもないまま，それぞれの個室に入りコンピュータを通して実験に参加し，約10数回の寄付額の意思決定をしました。その結果，平均して，アメリカ人は50セントのうち56％にあたる額を寄付にまわしていましたが，日本人ではそれより少なく100円のうちの44％が寄付額でした（図15-4）。

ただしこの協力率の日米差は，罰金のある条件ではいわば消失していました。4人の中で寄付額の一番少ない者に対して罰金が科されるというルールの下では，罰金のない条件よりも日米ともに協力率が上がりましたが，その上昇度は日本人の方がより大きかったのです。つまり，罰金がある場合，日本人では100円のうちの75％にあたる金額が平均寄付額である一方，アメリカ人でも50セントのうちの76％にあたる金額が平均寄付額でした。

これらの日米の差は何を意味しているのでしょうか。山岸は，「安心社会の日本，信頼社会のアメリカ」と表現して，それらを説明しています。

日本が安心社会だというのは，日本では裏切り行動をしたら得になるどころかえって損するような仕組みが社会の中に存在しており，そのため人々は他者が裏切るかもしれないという不安や心配をもたずに済む，ということを指しています。例えば，ずっと昔の山奥の集落で家の鍵をかけずに外出するという行為は，「村の誰かが泥棒に入るわけがない，そんなことをすれば村八分だ」な

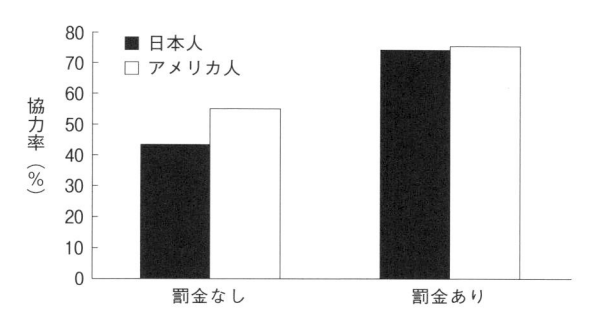

図15-4 社会的ジレンマ事態における罰金の有無ごとの日本人とアメリカ人の協力率 (山岸, 1999)

どと考えていたことの表れと思われます。村八分という仕組みのおかげで，村民は身内の裏切りをそれほど心配せずに心穏やかに暮らせたことでしょうし，またその仕組みは村民を協力行動へと促し，共同体の維持・強化に貢献したことでしょう。集落の内部だけで必要な物資が手に入りそれなりに満足な生活が送れれば，村民はあえて危険を冒し見知らぬ外部の人との交流を求めようとはしなかったはずです。つまり日本社会の方が，人と人との関係性が継続的で，裏切り行動を抑制する働きが社会により多く備わっていると同時に，日本人の方が，限られた人々の中で安心して暮らしている分，よそ者に対する警戒心が強い，と考えられるというのです。

一方，アメリカ社会は日本社会よりも流動的で，例えば生涯における転居や転職の回数も多いといわれています。人々の移動の激しい社会では，一般的な他人に対する信頼感が育まれやすいというのです。というのも，信頼感がなければ物品やサービスの売り買いもできずひもじい思いをすることになってしまいます。相手とこれまで付き合いがなくその相手の評判も耳にしたことがなくても，売買するかを判断していかなくてはなりません。

さらに，一般的な他人に対する信頼感の強い人は，相手が信頼に値する人間であるかどうかを見分ける能力も高いというのです。一般的な他人に対する信頼感の強い人は，そうでない人より，他者の身勝手さや信用度をあらわす情報に敏感で，他者の裏切り行動の予測の正解率が高いことが実験で示されました。

今日，国境の枠を超えた経済活動や文化活動などは，世界的にみて当たり前になってきています。協力し合う相手は，集団内部の熟知した仲間の中から選

ぶこともできますが，どこかに存在するかもしれないより良い人を外部の広い世界に求めることもできるようになってきているのです。ただ，広い世界の中から相手を探そうとするならば，相手の信頼性を見極める能力が高いに越したことはありません。これまでの日本社会はどちらかといえば，この能力を養うには不向きな仕組みを備えていたといえます。

　社会の法や制度は私たち人間によって作られている一方，法や制度の内容によって私たちの心の性質は変わってくると考えられますが，前述したような世界情勢の中，日本社会と私たちの心はどのような方向に向かうべきなのでしょうか。これらのより良いあり方を考えていくことが，これからの私たちの課題といえるでしょう。

学びのポイント

1）次の用語についてそれぞれ説明しなさい。
　　社会的促進，社会的手抜き，同調，服従，囚人のジレンマ
2）社会的ジレンマとはどのようなものですか。本章であげられていた「水不足問題」や「ただ乗り」「共有地の悲劇」以外の身のまわりにある例をあげて説明しなさい。

文　献

Asch, S. E.（1951）. Effects of group pressure upon the modification and distortion of judgments. In H. Guetzkow（Ed.）, *Groups, leadership and men: Research in human relations*. Carnegie Press. pp.177-190.

Allport, F. H.（1920）. The influence of the group upon association and thought. *Journal of Experimental Psychology, 3*, 159-182.

Axelrod, R.（1984）. *The evolution of cooperation*. Basic books.（松田　裕之（訳）（1998）. つきあい方の科学　ミネルヴァ書房）

Blass, T.（2004）. *The man who shocked the world: The life and legacy of Stanley Milgram*. Basic books.（野島　久雄・藍澤　美紀（訳）（2008）. 服従実験とは何だったのか　誠信書房）

Dawes, R. M.（1980）. Social dilemmas. *Annual Review of Psychology, 31*, 169-193.

Deutsch, M., & Gerard, H. (1951). A study of normative and informational social influences upon individual judgment. *Journal of Abnormal and Social Psychology, 51,* 629-636.

Hardin, G. (1968). The tragedy of commons. *Science, 162,* 1243-1248.

長谷川 寿一 (2008). 心と社会　長谷川 寿一・東條 正城・大島 尚・丹野 義彦・廣中 直行 (著)　はじめて出会う心理学　改訂版 (pp.303-321)　有斐閣

Ingham, A. G., Levinger, G., Graves, J., & Peckham, V. (1974). The ringelmann effect: Studies of group size and group performance. *Journal of Experimental Social Psychology, 10,* 371-384.

Latané, B., & Darley, J. M. (1970). *The unresponsive bystander: Why doesn't he help?* Prentice-Hall. (竹村 研一・杉崎 和子 (訳) (1997). 冷淡な傍観者　ブレーン出版)

Latené, B., Williams, K., & Harkins, S. (1979). Many hands make light the work: The causes and consequences of social loafing. *Journal of Personality and Social Psychology, 37,* 822-832.

Markus, H. (1978). The effect of mere presence on social facilitation: An unobtrusive test. *Journal of Experimental Social Psychology, 14,* 389-397.

Milgram, S. (1974). *Obedience to authority: An experimental view.* Harper & Row. (山形 浩生 (訳) (2008). 服従の心理　河出書房新社)

Platt, J. J., Yaksh, T., & Darby, C. L. (1967). Social facilitation of eating in armadillos. *Psychological Reports, 20,* 1136.

Rosenthal, A. M. (1964). *Thirty-eight witnesses: The Kitty Genovese case.* University of California press. (田畑 暁生 (訳) (2011). 38人の沈黙する目撃者　青土社)

Triplett, N. (1897). The dynamogenic factors in pacemaking and competition. *American Journal of Psychology, 9,* 507-533.

Williams, K. D., & Karau, S. J. (1991). Social loafing and social compensation: The effects of expectations of co-worker performance. *Journal of Personality and Social Psychology, 61,* 570-581.

山岸 俊男 (1999). 安心社会から信頼社会へ　中央公論新社

Zajonc, R. B. (1965). Social facilitation. *Science, 149,* 269-274.

人名索引

A
安倍淳吉　106
Adler, A.　4
Agnew, R.　97
Ainsworth, M. D. S.　18, 19
Allport, F. H.　196
Allport, G. W.　46
安藤延男　112, 155
Aristotle　1
浅野俊夫　141
Asch, S. E.　183, 184, 199
Ashton, M. C.　46
Atkinson, R. C.　143
Axelrod, R.　203

B
Baddeley, A.　147, 148
Bandura, A.　142, 159, 160
Bartol, A. M.　103
Bartol, C. R.　103
Beccaria, C. B.　95, 96
Beck, A. T.　87, 88
Bem, D. J.　188
Blass, T.　200
Bowlby, J.　18
Breuer, J.　80
Bridgeman, W.　9
Buss, D. M.　56

C
Caplan, G.　114
Carlsmith, J. M.　187, 188
Cattell, R. B.　46
Cheng, C.　68
Chess, S.　54
Cialdini, R. B.　190
Cloninger, C. R.　47, 54, 55
Cohen, S.　69
Corr, P. J.　56
Craik, F. I. M.　146
Cunitz, A. R.　146

D
Darley, J. M.　196
Darwin, C.　3
Dawes, R. M.　204
Deci, E. L.　154, 155
Descartes, R.　2
Deutsch, M.　200
Dewey, J.　3
Durkheim, É.　101
Dweck, C. S.　158, 159

E
Eichmann, A.　202
Erikson, E. H.　28, 37, 39, 59, 62
Eysenck, H. J.　47, 51

F
Festinger, L.　187, 188
Folkman, S.　65-67
Fraser, S. C.　189, 190
Freedman, J. L.　189, 190

Freud, S.　3, 4, 44, 80, 93, 94
Freudenberger, H. J.　34
Friedman, M.　71
藤井恭子　31, 32

G
Gerard, H.　200
Gesell, A.　15
Gilbert, D. T.　182, 185, 186
Glanzer, M.　146
Glass, G. V.　90
Gottfredson, M.　102

H
箱田裕司　145
Hardin, G.　204
Hare, R. D.　103, 105
Harlow, H. F.　18
長谷川寿一　84, 203
平井　久　157
Hirschi, T.　98, 102
Hitch, G. J.　147
Holmes, T. H.　65
本明　寛　65-67
細越寛樹　72
Hovland, C. I.　187

I
今田　寛　138, 139
Ingham, A. G.　198
石田梅男　155
伊藤裕子　36, 37

J

James, W. 3
Jannet, B. 174
Jensen, A. R. 16
Jones, E. E. 183
Jung, C. G. 4, 44, 45, 52

K

鹿毛雅治 156
Kahneman, D. 179-181
金政祐司 59
Karau, S. J. 198
加藤 司 68
勝田清孝 103
Kelly, G. A. 60
Kelly, H. H. 182
木島伸彦 54
木村駿一 157
Klein, W. L. 72
小玉正博 72
Koffka, K. 3
Köhler, W. 3
Kretschmer, E. 43, 44, 52
久保真人 34, 35
Kubrin, C. E. 98
黒川由紀子 39

L

Lackman, R. 145
Latané, B. 196-198
Lazarus, R. S. 65-67
Lee, K. 46
Lepper, M. R. 155, 188
Lewin, K. 3
Locke, J. 2
Lockhart, R. S. 146
Lombroso, C. 96, 97
Lorenz, K. 17
Luxenburger, H. 15

M

前田重治 82
Maier, S. F. 156
Main, M. 19
Marcia, J. E. 29
Markus, H. 197
Maslow, A. 161
松田裕之 203
松田 修 39
McAdams, D. P. 41, 53, 58, 61-63
免田 賢 86, 87
Merton, R. K. 97, 98
Milgram, S. 200-202
Miller, G. A. 144
宮下照子 86, 87
水島恵一 105
Morgulis, S. 138
Morris, C. D. 147
麦島文夫 99
Murray, H. A. 51

N

Nettle, D. 57, 58
Newton, I. 6
Nisbett, R. E. 183
西村 健 170
野島久雄 200

O

落合良行 30
岡田圭二 149
岡本祐子 28, 29, 38
大野 久 32
大野 裕 88, 104
Ormrod, J. E. 159, 160
小塩真司 71
太田富雄 173

P

Pals, J. L. 53
Pavlov, I. P. 4, 137
Piaget, J. 21, 22
Plato 1
Platt, J. J. 196
Popper, K. 5, 7
Portmann, A. 25

R

Rahe, R. H. 65
Rayner, R. 85
Reynolds, G. S. 141
Rogers, C. R. 90-94
Rosenberg, M. J. 187
Rosenman, R. H. 71
Rosenthal, A. M. 196
Rosenzweig, S. 51
Ross, L. 183
Rotter, J. B. 157
Rudman, L. A. 187

S

坂野雄二 70
佐藤有耕 30, 31
Schneider, K. 103
Schopenhauer, A. 31
Sears, R. S. 17
Seligman, M. E. P. 156, 157
Shapiro, D. 90
Shapiro, D. A. 90
Shiffrin, R. M. 143
Siegel, L. J. 102
Skinner, B. F. 4, 140
Smith, M. 90
Socrates 1, 150
Solomon, J. 19, 21
Sperling, G. 143, 144
Squire, L. R. 149

Stern, W.　15
鈴木光太郎　145

T
田畑暁生　196
高橋三郎　104
高橋靖子　59
高石昌弘　27
竹村研一　196
託摩武俊　46
Teasdale, G.　174
Tellegen, A.　46
Thomas, A.　54
Thompson, H.　15
Tichener, B.　3
戸ヶ崎泰子　70
豊田秀樹　100
Triplett, N.　195, 196
辻　平治郎　47, 48
Tversky, A.　179-181

W
Watson, J. B.　4, 15, 84
Weiner, B.　157, 158
Weinstein, N. D.　72
Wertheimer, M.　3, 130
Williams, K. D.　198
Wolpe, J.　86
Wright, J. H.　88
Wundt, W.　2

Y
山形浩生　200, 201
山岸俊男　205-207
山本和郎　112
山崎勝之　71
Yerkes, R. M.　138
吉田　甫　39

Z
Zajonc, R. B.　197

事項索引

A
AHA　71
PCL-R（Psychopathy Checklist-Revised）　103
REM睡眠　173

ア
愛着　98
　——スタイル　59
　——理論　18
アノミー　98
安心　206
アンダーマイニング効果　155
イギリス経験論　1
一時的評価　66
一次野　168
遺伝（成熟）　15
違法性　101
因果関係　10
インプリンティング　17
ウェルニッケ中枢　171
運動失語　171
演繹的推論　150
延髄　165
エンパワメント　118, 125
置き換え　83
奥行き知覚　131

カ
外因性　74
解釈　83
外的統制　157
海馬　165
外発的動機付け　154
回避コーピング　68
学習性無力感　156
仮現運動　132
下垂体　165
感覚-運動期　21
感覚失語　171
環境（学習）　15
　——優位説　15
観察学習　142
観察法　8
間脳　165
危機　115
　——介入　115, 125
絆　98
帰属スタイル　72
基底核　167
機能主義　3

索引

機能的サポート　69
帰納的推論　150
規範意識の低下　105
規範観念　98
規範的影響　200
基本的帰属錯誤　183
橋　165
強化　141
共感覚　129
共感的理解　92
協働　114
　——者　117
共変モデル　182
共有地の悲劇　204
具体的操作期　23
クライエント　93
形式的操作期　24
系統的脱感作療法　86
ゲシュタルト心理学　3
結果期待　159
原因帰属　157, 182, 191
健康寿命　37
顕在的態度　187
検査法　9
現実性－遊戯性　47
健忘　172
5因子モデル　47
行為者－観察者バイアス　183
高次脳機能障害　169
恒常性　133
構成概念　100
構成主義　2
構成要件　101
構造的サポート　69
行動主義　4
後頭葉　166
行動抑制システム（BIS; Behavioral Inhibition System）　56

効力期待　159
コーピング（対処；coping）　67
心の理論　25
古典的条件づけ　137
コミットメント　98
コミュニティ　113
コンサルテーション　116, 125

サ

罪刑法定主義　96
錯視　133
サッカード　128
サポート・ネットワーキング　117, 125
自我　82
　——同一性（identity; アイデンティティ）　28
刺激閾　129
自己　82
　——一致　92
　——概念　90
　——効力　159
　——感　70
　——知覚理論　188
　——中心性　22
　——同一性（アイデンティティ）　59
　——理論　90
自然性－統制性　47
実験法　8
失語　170
失行　171
失認　171
しっぺ返し　203
質問紙法　49
自動思考　88
自動特性推論　185, 191

社会
　——関係　112
　——資源　113
　——的絆　98
　——的ジレンマ　204
　——的促進　196
　——的手抜き　198
　——的抑制　196
囚人のジレンマ　202
従属変数　8
自由連想法　83
主観的等価点　129
昇華　83
生涯発達　13
消去　138
条件刺激　138
条件反応　138
情動焦点型コーピング　68
情報的影響　200
剰余変数　8
処理水準説　146
心因性　74
信頼　208
　——性　9, 51
心理カウンセリング　93
心理療法　93
ステレオタイプ　184, 191
図と地（群化）の要因　130
ストレス　34
　——に対する脆弱性　71
　——反応　66
生活習慣病　34
成熟優位説　15
精神分析学　3
精神分析療法　80
生理的早産　25

接触の快　18
セルフ・サービングバイアス　183
宣言記憶　148
潜在記憶　149
潜在的態度　187
前操作期　21
前頭前野（前頭前皮質）　168
前頭葉　166
相関関係　10
相互作用説　16
操作的定義　9
ソーシャルサポート　68
側頭葉　166
損害回避　56

タ
第1次予防　114
退行　83
第2次予防　115
第3次予防　115
大脳新皮質　164
大脳辺縁系　164
タイプA行動パターン　71
大陸合理論　2
妥当性　9, 51
タブラ・ラサ　2
短期記憶　143
知性化　83
注意　135
紐帯　99
中脳　165
長期記憶　143
調査法　9
超自我　82
抵抗　83
定性的アプローチ　53
定量的アプローチ　53

手続き記憶　148
徹底操作　84
転移　83
伝統的心理臨床　112
ドア・イン・ザ・フェイス・テクニック　190
同一化　83
動因　153
動機づけ　153
道具的条件づけ　139
洞察　84
統制の位置　157
同調　199
頭頂葉　166
特性論　46
特有の適応様式　53
独立変数　8

ナ
内因性　74
内観法　3
内向性−外向性　47
内的作業モデル　59
内的統制　157
内的ワーキングモデル　25
内発的動機付け　154
二次の動因説　17
二次的評価　67
日常的いらだちごと（daily hassles）　65
認知症　175
認知的評価　66
認知的不協和理論　187, 191
ネットワークシステム　117
脳幹　164
脳梁　166

ハ
パーソナリティ障害　54
バーンアウト（燃え尽き症候群）　34
背側皮質視覚路（背側ストリーム）　168
罰　141
発達　13
——加速現象　25
般化　139
犯罪と刑罰の均衡　96
犯罪の基礎理論　102
反社会化過程適応型　106
反社会性　103
反転図形　135
非現実的な楽観性　72
非行的文化への感染　105
非情動性−情動性　47
ビッグ・ファイブ　47
表象機能　22
不安階層表　86
服従　200
複数のパーソナリティ特性　46
輻輳説　15
腹側皮質視覚路（腹側ストリーム）　168
フット・イン・ザ・ドア・テクニック　189, 191
不適切な養育　122
フレーミング効果　181, 191
ブローカー中枢　171
プロスペクト理論　179
文化的感染　106
分離性−愛着性　47
弁別　139
——閾　129

扁桃体　165
防衛機制　82
ホメオスタシス　154
ボンド　99

マ
巻き込み　99
マターナルデプリベーション（母性剥奪）　25
無条件刺激　137
無条件の肯定的配慮　92
無条件反応　137
盲点　128
目標達成理論　158

モラトリアム　29
問題焦点型コーピング　67

ヤ
山アラシのジレンマ　31
誘因　153
有責性　101
抑圧　83
欲求階層説　161
予防的介入　114, 124

ラ・ワ
ライフイベント　65

ライフストーリー　39, 42, 53
楽観性　70
ラポール　92
リビドー　81
臨床心理学的地域援助　111
類型論　42
レジリエンス　70
連合野　168
ロール・コンストラクト・レパートリー・テスト（レプテスト）　60
ワーキングメモリ　147

担当者一覧（五十音順，*は編者）

大友章司（関東学院大学人間共生学部コミュニケーション学科）
担当：第 14 章

川島芳雄（元・立命館大学人間科学研究科）
担当：第 9 章

田沢晶子（大阪大谷大学人間社会学部人間社会学科）
担当：第 4 章第 2 節，第 7 章

垂澤由美子（甲南女子大学人間科学部心理学科）
担当：第 15 章

中尾和久（甲南女子大学人間科学部心理学科）
担当：第 13 章

畠山美穂（甲南女子大学人間科学部心理学科）
担当：第 2 章

林照子（甲南女子大学看護リハビリテーション学部看護学科）
担当：第 3 章

水原幸夫（元・甲南女子大学人間科学部心理学科）*
2019 年没
担当：第 1 章，第 10 章，第 11 章，第 12 章

森丈弓（甲南女子大学人間科学部心理学科）
担当：第 8 章

安井知己（甲南女子大学人間科学部心理学科）
担当：第 4 章 1・3・4 節，第 6 章

山田尚子（甲南女子大学人間科学部心理学科）
担当：第 5 章

入門心理学

実験室からフィールドまで

2016年3月30日　初版第1刷発行
2022年4月30日　初版第6刷発行

（定価はカヴァーに表示してあります）

編　者　水原幸夫
発行者　中西　良
発行所　株式会社ナカニシヤ出版
〒606-8161　京都市左京区一乗寺木ノ本町15番地
　　　　Telephone　075-723-0111
　　　　Facsimile　075-723-0095
　　Website　http://www.nakanishiya.co.jp/
　　E-mail　iihon-ippai@nakanishiya.co.jp
　　　　郵便振替　01030-0-13128

装幀＝白沢　正／印刷・製本＝ファインワークス
Copyright © 2016 by Y. Mizuhara
Printed in Japan.
ISBN978-4-7795-1043-4

◎本書のコピー，スキャン，デジタル化等の無断複製は著作権法上での例外を除き禁じられています。本書を代行業者等の第三者に依頼してスキャンやデジタル化することはたとえ個人や家庭内の利用であっても著作権法上認められておりません。